한국어 1

경상대학교 국어문화원

경상대학교출판부

책을 내면서

경상대학교에서 외국인에게 한국어를 가르치기 시작한 것은 1997년 1월이었다. 그때 영국의 세필드대학의 학생들을 대상으로 처음으로 한국어 연수과정을 개설하였다. 그 후 지속적으로 한국어 교육을 진행해 왔으나, 늘 외부에서 한국어 교재를 구입해 교육해 왔다. 대학에서 교육를 하면서, 교육에 대한 독자적 구상도 없이, 남이 안내해 주는 대로 따라 가르친다는 것이 왠지 불만스러웠다.

그런데 한국어 교재를 개발해야겠다고 생각했으나 한국어 교재를 개발한다는 것은 쉬운 일이 아니었다. 한국어 교육과 관련해 내세울 만한 연구 성과를 이루어 내지는 못했지만, 우리 대학 안에서 한국어 교육 관련 학술 발표회를 가지면서 교재 개발과 관련된 준비 작업을 조금씩 수행해 왔다. 한국어 교재 개발 준비를 본격적으로 수행한 것은 2009년부터이다. 우리 국어문화원에서는 2009년에 한국어 교재 개발을 위한 기초 연구로 한국어 교재 분석 사업을 수행하였고, 2010년에 한국어 교재 개발 예비사업으로 한국어 교재 개발을 위해 기초어휘를 조사·정리하고, 한국어 교재의 수준별 내용을 검토·정리하고 있었다. 이런 과정에 있을 때 대학 본부로부터 국어문화원에 한국어 교재 개발 건의가 있었다. 그래서 2010년 12월에 한국어 교재 개발 연구팀을 구성하였다. 국어문화원장인 제가 교재 개발 총 책임을 맡고 한국어 교육에 대해 함께 관심을 가져온 조규태 교수(국어교육과), 임규홍 교수(국어국문학과), 박용식 교수(국어국문학과)와 한국어 강사인 연구원 네 사람(양지현, 이유미, 백수진, 유화정)이 함께 한국어 교재 개발 연구팀이 되어, 한국어 교재를 집필하기로 하였다.

우리 국어문화원에서는 외국인 학생들이 한국 대학에서 수학할 수 있는 수준의 교재로 〈초급 한국어(한국어1, 한국어2)〉와 〈중급 한국어(한국어3, 한국어4)〉를 개발하기로 하였다. 〈초급 한국어〉와 〈중급 한국어〉의 단계별 내용과 차례를 구성한 후, 우선 〈초급 한국어〉부터 집필하기로 하였다.

교재 개발 과정에 어려움이 많았다. 교재 개발에 참여한 집필자들도 강의와 연구로 바빴다. 그런 가운데서 집필자들이 개별적으로 부여된 과제를 준비해 와서, 함께 집필 방향과 집필 내용을 검토하는 세미나를 30여 회나 가졌다. 함께 할 시간이 없어 석 달 반 동안 저녁 6시부터 10시까지 매주 2-3일 세미나를 가졌다. 말 그대로 강행군을 한 셈이다. 세미나를 가지면서 외국인들이 한국어를 바르게 배우고, 한국인이나 한국을 잘 알 수 있도록 할 수 있는 방법을 찾으려고 애썼다.

이번에 〈초급 한국어〉를 집필하는 데는 연구원 네 명의 도움이 많았다. 한국어 강사인 연구원들은 한국어를 가르치면서 겪은 여러 문제점들을 제시해 주었고, 집필자들은 집필 과정에서 이러한 문제점을 최대한 반영하고자 하였다. 이 책으로 공부하는 외국 학생들에게 집필자들의 이러한 마음이 전해질 수 있었으면 좋겠다.

이 책이 출간되기까지 여러분들의 도움도 있었다. 경상대학교 하우송 총장님께서 교재 개발과 출판에 필요한 비용을 지원해 주셨고, 한국어 수강자의 많은 비중을 차지하는 중국 학생들을 위해 중국 노동대학의 임효례 교수와 치치하얼대학의 김선희 교수께서 중국어 번역을 맡아 주셨다. 이 자리를 빌려 감사드린다.

2011년 8월

경상대학교 국어문화원장 **황 병 순**

序言

庆上大学于1997年1月起针对外国人开始了韩国语的教学，起初是为英国谢非尔德大学的韩国语研修学生为对象开设了韩国语课程，随着对外国人的韩国语教学活动的持续开展我们越发感到使用非自主编写的教材进行教学活动有诸多不足之处，总是觉得缺乏鲜明的教学特色和自主性。

为此萌生了自主编写韩国语教材的想法，虽然我们深知编写教材不是一件很容易的事情，而且也没有韩国语教育相关的优秀科研成果作基础，但是我们在大学内部通过开展各项韩国语相关的学术活动初步打下了教材编写的基础。正式启动韩国语教材的编写工作是在2009年，当年以我校国语文化院为主，对韩国语教材的编写开展了基础性论证和调查研究，在此基础上于2010年确立了编写韩国语教材的立项工作，开始着手调查和整理了韩国语的基本词汇以及针对不同层次的韩国语教材编写内容的论证和整理工作，恰逢此时大学总部也向国语文化院提出了韩国语教材的编写要求，因此，2010年12月正式组建了韩国语教材编写委员会。

我作为国语文化院的院长承担了教材编写的整体工作，并召集了以 青圭泰教授（国语教育系），林圭鸿教授（国语国文系），朴容植教授（国语国文系）以及4名韩国语讲师的研究员（梁芝贤、李宥美、白修珍、柳和廷）等志同道合的人员成立了韩国语教材编写研究团队，全面启动了韩国语教材的编写。

我们国语文化院编写教材的主要目标是为外国学生通过本教材的学习后基本可以参加韩国大学本科阶段的学习，因此决定编写《初级韩国语（韩国语1，韩国语2）》和《中级韩国语（韩国语3，韩国语4）》，在确定了《初级韩国语》和《中级韩国语》编写大纲内容和目录后即开始了《初级韩国语》的编写。

教材编写过程中遇到了太多的艰辛和困苦，特别是参与教材编写的团队成员虽然忙于讲课和研究，但是他们都能抽出时间按时完成了各自的任务，在编写期间共召开了30多次研讨会讨论编辑方向和编辑内容，由于白天无法抽出时间开会就每周抽出2-3天利用晚上6-10点的时间召开研讨会，历时3个半月，可以说是废寝忘食，忘我工作，竭尽所能探索如何让外国人通过教材可以迅速有效的学习韩国语、了解韩国及韩国人的方法。

本次编写过程中得到了4名研究员很多帮助，他们提供了大量的在实际教学过程中的切身心得体会，编辑者们也在教材编辑过程中尽可能多的反映了实际问题，真诚希望学习本教材的外国学生能够感受到编辑们的这番苦心。

截止到这本教材的出版得到了很多人的帮助，庆上大学的河友松校长资助了教材编写出版所需的费用，中国鲁东大学的任晓礼教授和齐齐哈尔大学的金善姬教授负责了翻译编写工作，在此一并表示深深的谢意。

2011年8月

庆上大学校 国语文化院 院长 黄炳淳

Preface

It was in January 1997 that a course teaching the Korean language to foreigners was offered by Gyeongsang National University(GNU) The school of Language Education. We taught Korean language courses to foreign students from Sheffield University, UK for the first time in 1997, and from then on we have been offering various Korean language courses. Nevertheless, it has not been satisfactory for us to teach Korean language courses because we had to teach courses following outside guidelines without having time to develop our own system of Korean language courses.

After a while, we decided to devise our own conception and develop our own textbooks but found out that it was not an easy job. Not having made a notable achievement yet in terms of teaching the Korean language, we dared to start preparing for the development of a textbook step by step. We held conferences on important issues concerning teaching the Korean language. In 2009 we established the Center for Korean Language and Culture (CKLC) and took a preliminary step for designing proper textbooks. Professors and Lecturers at CKLC examined previous textbooks carefully, reviewed their levels, and decided essential words and idioms. In 2010, in response to the request of GNU, CKLC officially started to develop textbooks for the program "Teaching Korean as a Foreign Language" (TKFL). As a head of CKLC, I created a task force team to concentrate on the research and development of textbooks and have been carrying out the project of developing proper Korean language courses and corresponding textbooks. In the process of developing these textbooks so many professors and lecturers collaborated with eagerness, but unfortunately I can name only a few for the lack of space: Professors Kyutae Jo, Kyuhong Lim, and Yongsik Park and lecturers Jihyeon Yang, Yumi Lee, Sujin Baek, and Hwajeong Ryu provided their precious time and efforts in the making of textbooks.

CKLC is planning to offer Korean language courses in four levels, using textbooks which would help foreign students carry out university studies without difficulty. There will be a couple of textbooks for the preliminary level and another couple of textbooks for the intermediate level. Each textbook will be organized to have contents to meet the specific needs of both preliminary and intermediate levels. To begin with, CKLC decided to write the first couple of textbooks for the preliminary level.

In the meantime, it is necessary to mention that CKLC has faced much difficulty in developing these textbooks. Along with carrying out the center's essential tasks, CKLC held thirty conference meetings and seminars during the last three months in order to examine the guidelines for writing textbooks and to decide proper contents. Usually, the seminar was held for four hours from 6 pm to 10 pm. In these textbooks we aimed to design our own pedagogical perspectives and teaching methods to enable foreign students to learn the Korean language, its people, history and culture. In the process of writing, the four researchers played a decisive role. Through their experiences of teaching foreign students Korean, they knew the troubles they will have in learning Korean. They tried to help foreign students solve those troubles as easily as possible. I wish the writers' effort and desire will get through to foreign learners of Korean.

Last but not least, we are very grateful for many people in putting out these textbooks. Our thanks go first to President Woosong Ha of Gyeongsang National University for providing financial support. We also like to thank Professor Xiaoli Ren of Ludong University, China and Professor shanji Jin of Qiqihar University China, who translated our textbooks into Chinese.

August 2011

Byungsun Hwang, Professor of the Korean Language and Literature
Head of the Center for Korean Language and Culture Gyeongsang National University

일러두기

'한국어1'은 학습자들이 쉽고 재미있게 한국어 기초를 다질 수 있도록 만든 책이다. 한국어를 전혀 모르는 외국인 학습자가 한국어 자모체계를 비롯하여 실생활에 필요한 어휘·문법 등을 여러 상황 속에서 익혀 기초적인 의사소통을 할 수 있도록 하는 데 목적이 있다.

이 교재는 전체 20과로 구성하고 예비편으로 '한글을 배웁시다'를 마련했다. 모든 과는 '본문, 어휘, 문법, 말하기·듣기, 읽기·쓰기'로 구성하였고 일부 과에는 '한국문화'를 소개해 두었다.

1. 한글을 배웁시다

한글의 기본 원리와 발음을 익히기 위한 단원이다. 자모 체계나 음절에 대해 자세하게 설명하였고, 음절을 익힌 학습자가 듣기 파일(MP3 File)을 통해 기초 어휘를 직접 듣고 써 볼 수 있도록 구성하였다.

2. 본문

일상생활에서 자주 사용되는 대화 내용으로 회화능력을 키우고자 하였다. 주제와 관련된 대화 상황을 다양하게 제시해 학습자들이 쉽게 한국생활에 적응할 수 있도록 했다.

한국어는 높임법이 발달한 말인 점을 중시해 존대 표현에 관한 내용을 먼저 공부하게 했다.

3. 어휘

각 과마다 새로 나오는 어휘는 본문 아래에 따로 제시하였다.

본문 주제의 핵심 단어는 관련 어휘를 종합적으로 제시하여 어휘능력을 높이고자 하였다.

4. 문법

각 과에서 다루어야 할 문법을 적절한 예문과 함께 설명하여 쉽게 이해하도록 하였다.

동일한 문법 형태가 여러 의미로 쓰일 경우 기본의미를 지닌 것이나 사용 빈도가 높은 것을 먼저 제시했다. 이를 '○○^{1}, ○○^{2}…'와 같은 방식으로 표시했다.

체언이라는 말을 쓰지 않고 체언에 속하는 '명사, 대명사, 수사에 결합하는 경우'를 '주로 명사에 붙어'라고 표현했다.

조사(Josa)는 단어로 보아 '–' 없이 표시하였고, 동사나 형용사 뒤에 붙는 **어미(Ending)**는 단어가 아니라고 보아 어미 앞에 '–'를 표시하였다.

5. 말하기·듣기, 읽기·쓰기

본문 내용과 관련된 '말하기 · 듣기', '읽기 · 쓰기' 지문을 따로 마련하여 본문에서 공부한 주제를 더 잘 이해할 수 있도록 하였고, 이 내용을 학습자 중심으로 학습하게 함으로써 학습자의 표현(말하기 · 쓰기) 능력과 이해(듣기 · 읽기) 능력을 신장시키고자 하였다.

6. 한국문화

한국과 한국인에 대한 이해를 돕기 위해 한국문화를 소개해 두었다.

7. 찾아보기

어휘에 관한 찾아보기와 문법에 관한 찾아보기를 별도로 구성하였다. 어휘 항목은 가능하면 대상 항목이 나오는 곳을 모두 표시하였다.

凡例

‘韩国语1’是为学习者轻松有趣地学好韩国语基础而编写的教材。其目标是让零基础的学习者通过各种场景来熟悉韩国语字母体系、现实生活中所需的词汇和语法，进而达到基本的沟通和交流水准。

本教材共设20章，绪论部分设置了‘学韩国语’部分。每章以‘课文、词汇、语法、听和说、读和写’等部分构成，部分章节介绍有‘韩国文化’。

1. 学韩国语

本单元是为了熟悉韩国语字母的基本原理和发音而设置的，并对字母体系和音阶的构成进行了详细说明，可保障掌握音阶的学习者通过MP3进行基础性听写练习。

2. 课文

为了提高学习者的会话能力课文中主要选用日常生活中的常用对话内容为主，设置了各种主题的对话场景，使学习者可以尽快适应利用韩国的生活。

韩国语非常重视敬语，因此本教材也考虑到这一点，首先让学习者学习敬语的表达形式。

3. 词汇

每一章节出现的新词汇都在脚注部分进行了标示。

通过综合展示与主题核心词汇有关联的词汇来进一步提高词汇运用能力。

4. 语法

通过恰当的案例详解了每一章节所要掌握的语法以便于理解。

同一语法形式表现为多种意义时，首先以最本意义或者以高频率使用的内容为主介绍，并将其标示为‘○○[1]，○○[2]’的形式。

未使用体词这词，而将属于体词的‘与名词、代词、数词的情况’表现为‘主要与名词连接’的形式。

将助词当做词汇未使用‘-’符号，连接动词和形容词的词尾没当做词汇将词尾前加了‘-’符号。

5. 听和说、读和写

单独编写了与课文相关的听和说、读和写内容，以便更好地理解课文所学的内容，将内容以学习者为中心学习，以便提高学习者的表现（说和写）能力和理解（听和读）能力。

6. 韩国文化

为了有助于了解韩国和韩国人，介绍了韩国文化。

7. 索引

以附件的形式分别设置了词汇相关的索引和语法相关的索引。词汇尽可能在文中的出处也进行了标注。

Remark to the Readers

Korean Language 1 is a textbook for students who want to learn basic Korean in an easy and effective way. It is written for beginning learners who have little knowledge of the Korean language. It will be useful for those who are not sure of how to read and pronounce vowels and consonants of the Korean language. It is also effective for those who have some knowledge of basic Korean grammar and like to learn essential words and idioms used in various real-life communications. There are 20 units in this book along with a preliminary unit entitled as "Let's Learn Korean!" Each unit is composed of live situations, essential words, and grammar points to help students with developing language skills in speaking, listening, reading and writing. Some units include descriptions of Korean cultural traditions and customs.

1. Let's Learn Korean!

This is a preliminary unit that introduces basic Korean grammar. It concentrates on how to read and pronounce Korean consonants and vowels. An MP3 that contains recordings of example words is available so that students can practice listening to the words and writing them down for themselves.

2. Twenty Units

Unit 1 through 20 provide practices in carrying out everyday dialogue that will enhance students' conversation skills. Each unit begins with a real-life situation and consists of a topic for dialoque, a cultural theme, a particular grammatical point, and speaking exercise.

3. Glossed New Vocabulary

Each unit features glossed new vocabulary right below the reading passage. Detailed explanation of key words and idioms will help students with comprehensive understanding of the unit's theme and dialogue situations.

4. Grammar

Each unit contains a relevant grammar with explanations and example sentences. When a particular grammar is applied in various ways, examples are arranged in order of frequency from the most essential to the most marginal, marked with numbers like ○○[1], ○○[2].... In addition, instead of using the term, "Chae-eon"(a substantive), this book specifies the category of Chae-eon by using "noun," "pronoun," and "number" and explains that "Josa(postpositional word)" is added "mostly to noun forms." "Josa" is categorized as a word and transcribed without a dash(-), whereas "The Ending"(postpositional particle), usually added to a verb or an adjective form, is not identified as a word and transcribed without a dash.

5. Speaking, Listening, Reading, and Writing

Each unit contains a separate passage for enhancing students' proficiency in speaking, listening, reading and writing. Students can exercise what they have learned in the unit concerned more easily and effectively.

6. Korean Culture

This book includes descriptions of Korean cultural traditions and customs to develop an awareness of Korea and the Koreans.

7. Index

This book provides a separate index each for words and grammar points. In particular, words are documented on the basis of page numbers they appear.

교재구성

단원	본문	어휘	문법
예비편	• 한글 익히기		
제1과	• 자기 소개하기	• 나라 이름 관련 어휘 • 여러 가지 인사말 관련 어휘	• 입니다, 입니까 • 은/는 • 도
제2과	• 사람과 사물 가리키기 • 물건 이름 묻고 답하기 • 수 읽기	• 교실 안에 있는 사물 · 학용품 관련 어휘 • 과일 이름 관련 어휘 • 채소 이름 관련 어휘 • 수사	• 이/가 아닙니다 • 예/아니요 • 이것, 저것, 그것, 무엇 • 이분, 저분, 그분, 누구
제3과	• 위치와 장소 묻고 답하기 • 위치와 장소 관련 낱말 익히기	• 학교 안의 시설 관련 어휘 • 방향 관련 어휘	• 에[1] • 이/가 • (으)로[1] • 여기, 저기, 거기, 어디 • 이쪽, 저쪽, 그쪽, 어느 쪽
제4과	• 시간에 관해 묻고 답하기 • 시간 관련 낱말 익히기	• 시간 관련 어휘 • 하루의 때와 식사 때 관련 어휘 • 시계 관련 어휘 • 기본 동사 1	• 에[2] • –{ㅂ니다/습니다} • –{ㅂ니까/습니까}
제5과	• 날짜에 관해 묻고 답하기 • 날짜 관련 낱말 익히기	• 날짜 관련 어휘 1 • 동사 • 반대말	• 을/를 • –(으)시– • –(으)ㅂ시다 • –(으)십시오
제6과	• 물건 값 묻고 셈하기 • 생활용품, 학용품 이름 익히기	• 수 관형사 • 단위명사 • 식품과 생활용품 관련 어휘 • 화폐 관련 어휘	• 에[3] • –{이/이/여}요[1]
제7과	• 음식 주문하기 • 음식에 관한 의견 말하기 • 음식 이름 익히기 • 높임말 익히기	• 음식 관련 어휘 • 높임말 동사	• –(으)ㄹ까요[1] • –{어/아/여} 보(다) • –고 싶(다) • 와/과 • –고[1] • 보다
제8과	• 과거의 일 말하기 • 서점, 미용실 관련 어휘 익히기 • 부정 표현 익히기	• 미용실 관련 어휘 • 서점 관련 어휘	• 부터[1], 까지[1] • 하고 • 안 • 만 • –(으)나 • –{었/았/였}– • –(으)ㄹ 때
제9과	• 하루의 생활 묻고 답하기 • 요일 이름 익히기 • 높임말 익히기	• 하루 일과 관련 동사 • 날짜 관련 어휘 2 • 높임말 명사	• –겠[1]– • –(으)ㄴ/는 후 • –기 전 • –지 않다 • –고[2] • –지요

교재구성

단원	본문	어휘	문법
제10과	• 날씨 묻고 답하기 • 날씨 · 계절 관련 낱말 익히기	• 날씨 관련 어휘 • 계절 관련 어휘 • 형용사 1	• ㅂ 불규칙 • -(으)ㄴ[1] • -다가 • -{어/아/여}서[1]
제11과	• 길 묻고 답하기 • 교통기관 이름 익히기 • 교통기관 이용하기	• 교통수단 어휘 • 교통수단 관련어휘	• 에서 • -(으)세요 • (으)로[2] • -는/(으)ㄴ[2]
제12과	• 전자우편 쓰고 보내기 • 전자우편 관련 용어 익히기 • 인터넷 이용하기	• 전자우편 관련 어휘	• -(으)ㄹ 거예요 • -(으)ㄹ게요 • ㄷ 불규칙 • (이)나[1]
제13과	• 도서관 이용법 익히기 • 은행 이용하기	• 은행 관련 어휘 • 도서관 관련 어휘	• -(으)ㄴ/는데[1] • -(으)니까 • -(으)러 • 만큼 • ㄹ 탈락
제14과	• 약속하기 • 약속에 관한 비슷한 어휘 익히기	• 약속 관련 어휘	• -지 말(다) • -{어/아/여}서[2] • -(으)려고 • -(으)려고 하다 • -지만 • 르 불규칙
제15과	• 학교생활 말하기 • 동아리 활동 알기	• 학교생활 관련 어휘 • 동아리 활동 관련 어휘	• -(으)면 • -겠[2]- • 마다
제16과	• 가족 소개하기 • 높임법 익히기	• 가족 관계 1 • 형용사 2 (모습, 성격)	• 께서는 • -(으)ㄹ • 으 탈락
제17과	• 병과 증상 관련 어휘 익히기 • 병원 이용하기	• 신체 관련 어휘 • 병원 관련 어휘	• -고 있다[1] • -{어/아/여} 주(다)/드리(다) • (으)로[3] • ㅅ 불규칙
제18과	• 전화 걸기 • 전화로 약속하기 • 문자 메시지 보내기	• 전화 관련 어휘	• 에게/한테/께 • -{어/아/여}야 하(다) • 무슨 • 못
제19과	• 의견 말하기 • 영화 관련 어휘 익히기	• 영화 관련 어휘	• -기 때문에 • 덕분에 • ㅎ 불규칙 • -{어/아/여}하다
제20과	• 계획 말하기	• 휴일 관련 어휘	• -군요, -는군요

차 례 CONTENTS

등장인물

왕 신
중국인 (22세, 남)

리 칭
중국인 (21세, 여)

이시다
일본인 (24세, 남)

아유미
일본인 (20세, 여)

강지애
한국인 (21세, 여)

김영민
한국인 (26세, 남)

브라운
미국인 (25세, 남)

나타샤
러시아인 (23세, 여)

한글을 배웁시다

让我们来学习韩文 / Let's Learn Korean

한 글 韩文 / Korean

한국어를 적는 글자를 한글이라고 합니다. 한글은 모음 글자와 자음 글자로 이루어져 있습니다.

记录韩国语的文字叫做韩文。韩文由元音字母和辅音字母构成。

The written form of Korean is 한글. 한글 consists of vowels and consonants.

모음 글자 1 元音字母 1 / Vowels 1

모음 글자 가운데 홑글자는 모두 10자입니다.

在元音字母中，单元音共有10个。

Ten of the vowels are single.

ㅏ	ㅑ	ㅓ	ㅕ	ㅗ	ㅛ	ㅜ	ㅠ	ㅡ	ㅣ
아	야	어	여	오	요	우	유	으	이
a	ya	ə	yə	o	yo	u	yu	ɨ	i

ㅣi ㅟü	ㅡɨ	ㅜu
ㅔe ㅚö	ㅓə	ㅗo
ㅐɛ	ㅏa	

MP3 File 2

모음 하나만으로 된 음절 글자

只有一个元音的音节文字。/ Syllables with only one vowel

모음 글자만으로 된 음절 글자는 모음 글자 앞에 소리 없는 'ㅇ' 글자를 붙여 씁니다.

只有元音字母构成的音节文字，要在元音字母前附加不发音的"ㅇ"字母。

A syllable with one vowel combines with a null consonant 'ㅇ'.

모음 글자를 쓰며 익혀 봅시다.

请边写边熟悉元音字母。

Let's practice some vowels.

아										
야										
어										
여										
오										
요										
우										
유										
으										
이										

모음 글자 2 元音字母 2 / Vowels 2

모음 글자에는 겹글자가 있습니다.

元音字母中有双元音字母。

Korean also has double vowels.

ㅐ	ㅒ	ㅔ	ㅖ	ㅘ	ㅙ	ㅚ	ㅝ	ㅞ	ㅟ	ㅢ
애	얘	에	예	와	왜	외	워	웨	위	의
ɛ	yɛ	e	ye	wa	wɛ	ö	wə	we	ü	ɨy

MP3 File 3

모음 겹글자로 된 음절 글자 由双元音构成的音节文字。/ Syllables with a double-vowel

모음 겹글자로 된 음절 글자도 모음 글자 앞에 소리 없는 'ㅇ' 글자를 붙여 씁니다.

由双元音构成的音节文字，也要在元音前面加不发音的"ㅇ"字母。

A syllable with a double-vowel also combines with the null consonant 'ㅇ'.

모음 겹글자를 익혀 봅시다.

请熟悉双元音字母。

Let's practice some double-vowels.

애										
얘										
에										
예										
와										
왜										
외										

워										
웨										
위										
의										

자음 글자 1 辅音字母 1 / Consonants 1

한글의 자음 글자 가운데 홑글자는 14자입니다.

韩文辅音字母中有14个是单辅音字母。

There are 14 single consonants in Korean.

ㄱ	ㄴ	ㄷ	ㄹ	ㅁ	ㅂ	ㅅ	ㅇ	ㅈ	ㅊ	ㅋ	ㅌ	ㅍ	ㅎ
기역	니은	디귿	리을	미음	비읍	시옷	이응	지읒	치읓	키읔	티읕	피읖	히읗
k/g	n	t/d	r/l	m	p/b	s	ŋ	ʧ/ʤ	ʧ^h	k^h	t^h	p^h	h

자음 글자를 익혀 봅시다.

请熟悉辅音字母。

Let's practice some consonants.

ㄱ										
ㄴ										
ㄷ										
ㄹ										
ㅁ										

ㅂ										
ㅅ										
ㅇ										
ㅈ										
ㅊ										
ㅋ										
ㅌ										
ㅍ										
ㅎ										

자음 글자 2 辅音字母 2 / Consonants 2

한글의 자음 글자 가운데 겹글자는 5자입니다.

韩文辅音字母中有5个是双辅音字母。

There are also 5 double-consonants in Korean.

자음 겹글자를 익혀 봅시다.

请熟悉双辅音字母。

Let's practice some double-consonants.

ㄲ	쌍기역 k'									
ㄸ	쌍디귿 t'									

ㅃ	쌍비읍 p'									
ㅆ	쌍시옷 s'									
ㅉ	쌍지읒 ʧ'									

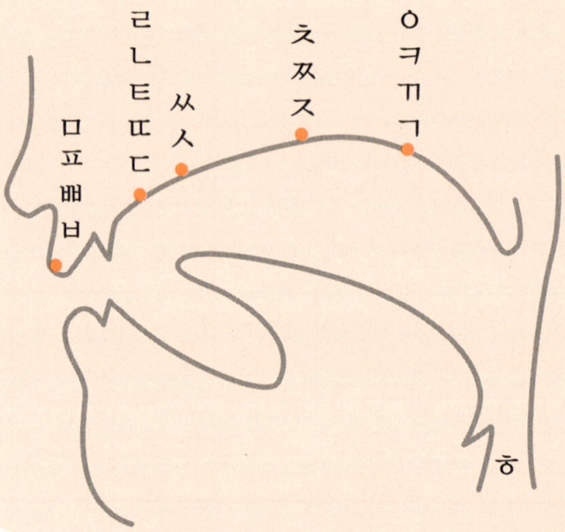

자음 글자+모음 글자로 된 음절 글자 1

辅音字母+元音字母构成的音节文字 1
Syllable.1 "Consonant + Vowel"

빈칸을 채워 가며, 자음 글자와 모음 홑글자로 된 음절 글자를 익혀 봅시다.

请边填空边熟悉由辅音字母和单元音字母构成的音节文字。

Let's fill in the blanks, and practice some "consonant + single vowel" characters.

	ㅏ	ㅑ	ㅓ	ㅕ	ㅗ	ㅛ	ㅜ	ㅠ	ㅡ	ㅣ
ㄱ	가									
ㄴ		냐								

	ㅏ	ㅑ	ㅓ	ㅕ	ㅗ	ㅛ	ㅜ	ㅠ	ㅡ	ㅣ
ㄷ			더							
ㄹ				려						
ㅁ					모					
ㅂ						뵤				
ㅅ							수			
ㅇ								유		
ㅈ									즈	
ㅊ										치
ㅋ									크	
ㅌ								튜		
ㅍ							푸			
ㅎ						효				
ㄲ					꼬					
ㄸ				뗘						
ㅃ			뻐							
ㅆ		쌰								
ㅉ	짜									

자음 글자+모음 글자로 된 음절 글자 2
辅音字母+元音字母构成的音节文字 2
Syllable.2 "Consonant + Vowel"

자음 글자와 모음 겹글자로 된 음절 글자를 익혀 봅시다.
请熟悉由辅音字母和双元音字母构成的音节文字。
Let's practice some syllables composed of a consonant and a double-vowel.

잘 사용되지 않는 음절 글자의 칸은 비워 두었습니다.
不常用的音节文字栏空出来了。
Syllables that are hardly used are blanked.

	ㅐ	ㅒ	ㅔ	ㅖ	ㅘ	ㅙ	ㅚ	ㅝ	ㅞ	ㅟ	ㅢ
ㄱ	개	걔	게	계	과	괘	괴	궈	궤	귀	긔
ㄴ	내		네		놔		뇌	눠	눼	뉘	늬
ㄷ	대		데			돼	되	둬	뒈	뒤	
ㄹ	래		레	례			뢰	뤄			
ㅁ	매		메	몌			뫼	뭐			
ㅂ	배		베		봐		뵈	붜		뷔	
ㅅ	새		세		솨	쇄	쇠			쉬	
ㅇ	애	얘	에	예	와	왜	외	워	웨	위	의
ㅈ	재		제		좌	좨			줴	쥐	
ㅊ	채		체		촤		최	춰	췌	취	
ㅋ	캐		케	켸	콰	쾌	쾨		퀘	퀴	
ㅌ	태		테				퇴		퉤	튀	틔

	ㅐ	ㅒ	ㅔ	ㅖ	ㅘ	ㅙ	ㅚ	ㅝ	ㅞ	ㅟ	ㅢ
ㅍ	패		페	폐							
ㅎ	해		헤	혜	화	홰	회	훠	훼	휘	희
ㄲ	깨		께		꽈	꽤	꾀	꿔	꿰	뀌	
ㄸ	때		떼		똬	뙈			뛔	뛰	띄
ㅃ	빼		뻬								
ㅆ	쌔				쏴	쐐	쐬	쒀	쒜		씌
ㅉ	째		쩨								

받침이 있는 음절 글자 有收音的音节文字 / Syllables with a Lower-Consonant

받침에서 제 음가대로 발음되는 글자는 7자입니다.

在收音中，发原来音的有7个字母。

Of all the lower-consonants, 7 are pronounced phonetically.

빈칸에 받침이 있는 음절 글자를 채워 가며 받침이 있는 글자를 익혀 봅시다.

请边填写有收音的音节文字，边记住有收音的文字。

Let's practice some syllables with lower-consonants.

	가	나	다	마	바	사	아	자	차
ㄱ	각								
ㄴ		난							
ㄷ			닫						

	가	나	다	마	바	사	아	자	차
ㄹ				말					
ㅁ					밤				참
ㅂ						삽		잡	
ㅇ							앙		

나머지 받침 글자는 위의 7글자 가운데 하나로 발음합니다.

其余的收音字母发上述7个字母中的某一个音。

Syllables with lower-consonants sound like one of the 7 consonants above.

집, 짚 → [집][ʧip]

억, 엌, 엌 → [억][ək]

낟, 낫, 났, 낮, 낯, 낱 → [낟][nat]

다음 받침이 있는 글자를 발음과 함께 익혀 봅시다.

请结合着发音熟悉下面这些有收音的文字。

Let's pronounce and practice some syllables with a lower-consonant.

ㅅ	갓	낫	닷	못	붓	솟	옷	잣	첫
ㅈ	갖	낮		맞	빚	셎	잊	젖	찾
ㅊ	꽃	낯	닻	몇	빛	숯	옻	좇	
ㅋ		녘			붴		엌		
ㅌ	곁	낱		밑	밭	샅	얕	짙	팥
ㅍ	갚	늪	릎			숲	잎		짚

ㄲ	꺾	낚	덖	묶	밖	솎	엮		
ㅆ	겠	났	떴			썼	였	찼	쳤

받침 글자 다음에 모음이 이어질 때는 받침 글자는 그 다음 음절로 넘겨 발음합니다.
收音字母后面接元音时，收音字母要移到它后面的音节充当辅音。
When a syllable with a lower-consonant precedes a vowel, the lower-consonant is pronounced together with the following vowel.

책이[채기/ʧʰɛgi]	책에[채게/ʧʰɛge]	책은[채근/ʧʰɛgɨn]	책을[채글/ʧʰɛgɨl]
문이[무니/muni]	문에[무네/mune]	문은[무는/munɨn]	문을[무늘/munɨl]
달이[다리/tari]	달에[다레/tare]	달은[다른/tarɨn]	달을[다를/tarɨl]
밤이[바미/pami]	밤에[바메/pame]	밤은[바믄/pamɨn]	밤을[바믈/pamɨl]
집이[지비/ʧibi]	집에[집에/ʧibe]	집은[지븐/ʧibɨn]	집을[지블/ʧibɨl]
옷이[오시/osi]	옷에[오세/ose]	옷은[오슨/osɨn]	옷을[오슬/osɨl]
낮이[나지/naʤi]	낮에[나제/naʤe]	낮은[나즌/naʤɨn]	낮을[나즐/naʤɨl]
꽃이[꼬치/k'oʧʰi]	꽃에[꼬체/k'oʧʰe]	꽃은[꼬츤/k'oʧʰɨn]	
부엌이[부어키/puəkʰi]	부엌에[부어케/puəkʰe]		부엌을[부어클/puəkʰɨl]
옆이[여피/yəpʰi]	옆에[여페/yəpʰe]	옆은[여픈/yəpʰɨn]	

다만, 받침의 'ㄷ, ㅌ'은 '—이' 소리를 가진 음절이 이어질 적에는 'ㅈ, ㅊ'으로 바꾸어 발음합니다.
只是，当收音"ㄷ,ㅌ"后接带"—이"的音节时，要分别发成"ㅈ,ㅊ"的音。
However, when the lower consonant is a 'ㄷ', or 'ㅌ', or the next vowel is '—이', 'ㄷ', or 'ㅌ' change to 'ㅈ', or 'ㅊ' in pronunciation.

굳이[구지/kuʤi] 미닫이[미다지/midaʤi] 해돋이[해도지/hɛdoʤi] 곧이듣다[고지듣따/koʤidɨtt'a]
밭이[바치/patʃʰi] 볕이[벼치/pəʧʰi] 낱낱이[낟나치 → 난나치/nannaʧʰi]

'ㄷ, ㅌ' 받침 다음에 '히, 혀' 소리를 가진 음절이 이어질 경우에도 '치, 쳐'로 발음합니다.
当收音"ㄷ,ㅌ"后接带"히,혀"的音节时，要分别发成"치,쳐"的音。
When the lower consonant is a 'ㄷ', or 'ㅌ', and is followed by a vowel like '히', or '혀', it is switched to '치', or '쳐' in pronunciation.

닫히다[다티다 → 다치다/taʧʰida] 굳히다[구티다 → 구치다/kuʧʰida]
닫혀[다텨 → 다쳐/taʧʰyə] 굳혀[구텨 → 구쳐/kuʧʰyə]

그러나 원래부터 '디', '티'로 된 음절은 제 음가대로 발음합니다.

但是，原本以"디"，"티"形式出现的音节要发本音。

However, when a syllable originally consists of '디', or '티', the sound remains unchanged.

디디다[디디다/tidida]	마디[마디/madi]	어디[어디/ədi]
티끌[티끌/t^hik'ɨl]	느티나무[느티나무/nɨt^hinamu]	버티다[버티다/pət^hida]

MP3 File 4

여러 가지 음절이 이어진 낱말 1

由各种音节构成的单词 1 / A Variety of Syllable-Linked Words 1

모음으로만 이루어진 음절이 이어진 낱말

只有元音音节构成的单词

Words that consist of only vowel syllables.

아 우 弟弟 younger brother							
오 이 黄瓜 cucumber							
우 유 牛奶 milk							
여 우 狐狸 fox							
이 유 理由 reason							

MP3 File 5

여러 가지 음절이 이어진 낱말 2

由各种音节构成的单词 2 / A Variety of Syllable-Linked Words 2

자음+모음으로 이루어진 음절이 이어진 낱말

由辅音+元音形成的音节构成的单词

Words that consist of "consonant + vowel" syllables.

가구 家具 furniture							
나라 国家 country							
다리 腿 leg							
무기 武器 weapon weaponry							
부자 富人 a rich person							

MP3 File 6

여러 가지 음절이 이어진 낱말 3

由各种音节构成的单词 3 / A Variety of Syllable-Linked Words 3

모음+자음으로 이루어진 음절이 이어진 낱말

由元音+辅音形成的音节构成的单词

Words that consist of "vowel + consonant" syllables.

안일 安逸 comfort							
얼음 冰 ice							
용암 熔岩 lava							
울음 哭 crying							
음악 音乐 music							

MP3 File 7

여러 가지 음절이 이어진 낱말 4

由各种音节构成的单词 4 / A Variety of Syllable-Linked Words 4

받침 있는 음절이 이어진 낱말

有收音的音节构成的单词

Words that consist of syllables with a lower consonant.

책 상 书桌 desk							
공 책 笔记本 notebook							
남 쪽 南方 south							
연 필 铅笔 pencil							
칠 판 黑板 blackboard							
잡 지 杂志 magazine							
꽃 병 花瓶 vase							
앞 집 前屋 the house in front							
팥 죽 小豆粥 red bean soup							
옷 장 衣橱 a closet							

MP3 File 8

여러 가지 음절이 이어진 낱말 5 由各种音节构成的单词 5 / A Variety of Syllable-Linked Words 5

세 음절 이상이 이어진 낱말

三个及三个以上的音节构成的单词

Words that consist of three or more than three syllables.

소나무 松树 a pine (tree)						
저절로 自动 by itself						
마지막 最后 the last						
손수레 手推车 handcart						
운전수 司机 driver						
선생님 老师 teacher						
해바라기 葵花 sunflower						
오동나무 泡桐 Paulownia						
아지랑이 地气 haze						
개나리꽃 迎春花 forsythia						

끈질기다 纠缠 to be persistent						
보물단지 聚宝盆 a treasure chest						
동시통역 同声传译 simultaneous interpretation						
연말연시 岁首岁末 year-end/beginning						
양심선언 良心宣告 whistle-blowing						

제1과 저는 왕신입니다

MP3 File 9, 10

왕신　안녕하십니까? 저는 왕신입니다.

리칭　안녕하십니까? 저는 리칭입니다.

왕신　만나서 반갑습니다.

리칭　만나서 반갑습니다.

왕신　안녕하십니까? 저는 중국 사람입니다.

리칭　안녕하십니까? 저도 중국 사람입니다.

왕신　안녕히 계십시오.

리칭　안녕히 가십시오.

TIP

• 저 我 / that　• 중국 사람 中国人 / chinese people

MP3 File 11, 12

왕신 안녕하십니까? 저는 왕신입니다.
중국 사람입니다.

리칭 안녕하십니까? 저는 리칭입니다.

왕신 리칭 씨도 중국 사람입니까?

리칭 예, 저도 중국 사람입니다.

왕신 이시다 씨는 어느 나라 사람입니까?

이시다 저는 일본 사람입니다.

왕신 반갑습니다. 저는 중국 사람입니다.

이시다 만나서 반갑습니다.

TIP

• 씨 先生, 氏 / Mr, Ms • 일본 日本 / Japan • 어느 某 / which

어 휘

나라 이름

대한민국
大韩民国 / Republic of Korea

중국
中国 / China

일본
日本 / Japan

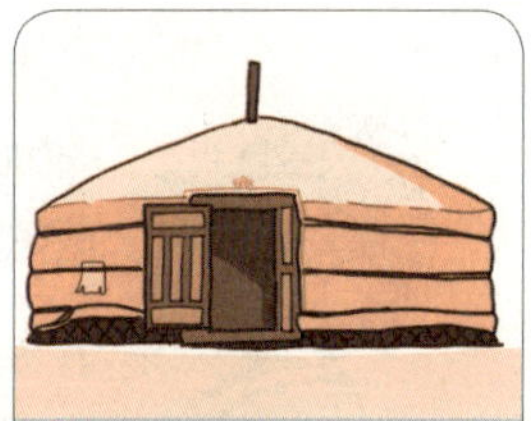
몽골
蒙古 / Mongolia

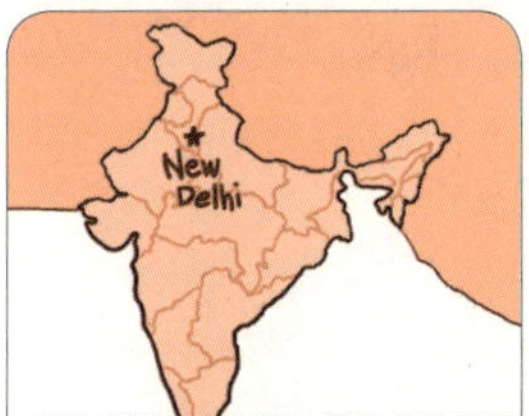

인도
印度 / India

필리핀
菲律宾 / the Philippines

러시아
俄罗斯 / Russia

베트남
越南 / Vietnam

영국
英国 / England

독일
德国 / Germany

프랑스
法国 / France

이탈리아
意大利 / Italy

미국
美国 / America

캐나다
加拿大 / Canada

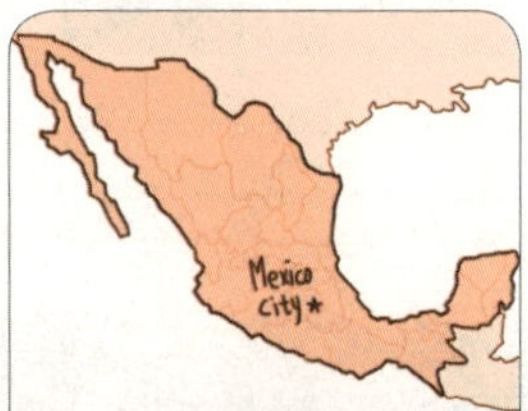

멕시코
墨西哥 / Mexico

브라질
巴西 / Brazil

오스트레일리아
澳大利亚 / Australia

뉴질랜드
新西兰 / New Zealand

이집트
埃及 / Egypt

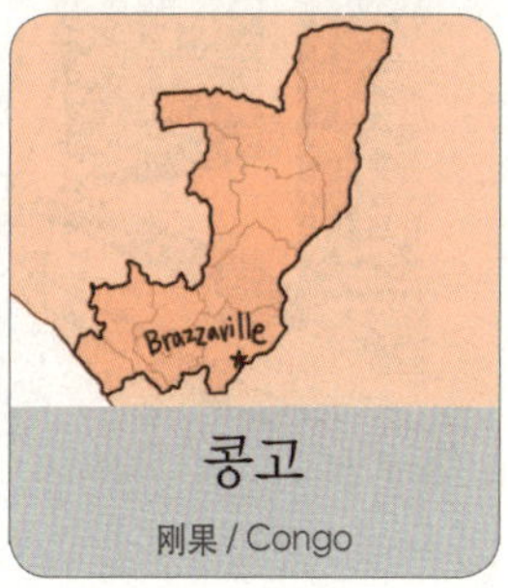

콩고
刚果 / Congo

여러 가지 인사말

공부를 시작할 때 : 안녕하십니까?

学习开始时 : 您好!

When beginning class : Hello.

공부가 끝났을 때 : 감사합니다.

学习结束时 : 谢谢!

When finishing class : Thank you.

손님 : 안녕하세요.

客人 : 你好!

Visitor : Hello.

주인 : 어서 오세요.

主人 : 快请进!

Owne r : Welcome.

집 주인 : 안녕히 가십시오.

户主 : 再见!

Owner : Good bye.

손님 : 안녕히 계십시오.

客人 : 再见!

Visitor : Good bye.

여러 가지 인사말

도움을 받은 사람 : 고맙습니다.

受到帮助的人： 谢谢!

Receiver : Thank you.

도움을 준 사람 : 아닙니다.

给予帮助的人： 不客气。

Helper : You're welcome.

실수한 사람 : 미안합니다.

失误的人： 对不起!

Person who was accidentally rude
: I'm sorry.

상대방 : 괜찮습니다.

对方： 没关系。

Receiver of the rude action
: That's all right.

먹기 전 : 잘 먹겠습니다.

饭前： 那我就不客气啦。

Before : I gratefully receive.

먹은 후 : 잘 먹었습니다.

饭后： 我吃得很好。

After : Thank you for the meal.

문 법

▶ 입니다, 입니까

명사에 붙어 어떤 대상의 속성이나 부류를 지정하는 말. '입니다'는 서술할 때 쓰고, '입니까'는 물을 때 쓴다.

接在名词之后，表示指定某一对象的属性或种类。“입니다”用于叙述，而“입니까”则用于询问。
Added after a noun, this shows a characteristic or category of something. '입니다' is used for statements, and '입니까' for questions.

- 저는 왕신입니다.
- 나타샤도 한국 사람입니까?

1. 다음 (　　　) 속에 '입니다'나 '입니까'를 쓰세요.

(1) 저는 리칭 (　　　　　　　　).

(2) 쑨원은 중국 사람 (　　　　　　　　)?

(3) 영수도 한국 사람 (　　　　　　　　)?

2. 다음 〈보기〉와 같이 물음에 대답하세요.

〈보기〉 영수는 어느 나라 사람입니까? (한국) ⇨ 영수는 한국 사람입니다.

(1) 리칭은 어느 나라 사람입니까? (중국) ⇨ ____________________

(2) 브라운은 어느 나라 사람입니까? (미국) ⇨ ____________________

(3) 아유미는 어느 나라 사람입니까? (일본) ⇨ ____________________

(4) 나타샤는 어느 나라 사람입니까? (러시아) ⇨ ____________________

문 법

▶ 은/는

주로 명사에 붙어 어떤 대상이 화제임을 나타내는 말. 받침이 있는 말 다음에는 '은', 받침이 없는 말 다음에는 '는'을 쓴다.

一般接在名词之后，表示某一对象是话题。有韵尾词语的后用"은"，没有韵尾的词语后用"는"。

Usually added after a noun to denote that it is the subject. '은' is used with nouns ending with a consonant, while '는' is used with nouns ending with a vowel.

- 저는 나타샤입니다.
- 브라운은 미국 사람입니다.

1. 다음 (　　) 속에 '은'이나 '는'을 쓰세요.

(1) 마오 (　　　　　　) 중국 사람입니다.

(2) 쑨원 (　　　　　　) 중국 사람입니다.

(3) 영수 (　　　　　　) 한국 사람입니다.

(4) 브라운 (　　　　　　) 미국 사람입니다.

2. 다음 〈보기〉에서 한 낱말을 골라 (　) 속에 쓰세요.

〈보기〉 리칭, 이시다, 영민, 지애

(1) (　　　　　　)는 어느 나라 사람입니까?

(2) (　　　　　　)은 중국 사람입니다.

(3) (　　　　　　)은 한국 사람입니다.

(4) 예, (　　　　　　)는 한국 사람입니다.

문 법

▶ 도

주로 명사에 붙어 어떤 것이 포함되고 그 위에 더함의 뜻을 나타내는 말.

一般接在名词之后，表示在包含某一人或事物的基础上再增加另一人或事物。相当于汉语的“也”，“还”。

Usually added after a noun, it is used to add more information about a person or thing, or to add another relevant fact.

- 왕신도 중국 사람입니다.
- 지애도 일본 사람입니까?

※ 다음 (　　) 속에 '은/는'이나 '도'를 쓰세요.

(1) 리칭은 어느 나라 사람입니까?

⇨ 리칭(　　) 중국 사람입니다.

(2) 영수도 한국 사람입니까?

⇨ 예, 영수(　　) 한국 사람입니다.

(3) 쑨원은 중국 사람입니까?

⇨ 예, 쑨원(　　) 중국 사람입니다.

(4) 브라운은 미국 사람입니다.

⇨ 제시카(　　) 미국 사람입니까?

말하기

1. 다음 <보기>와 같이 이름과 국적을 넣어 사람을 소개하세요.

<보기> 브라운(미국) ⇨ 브라운은 미국 사람입니다.

(1) 덩샤오핑(중국) ⇨ ________________

(2) 김영수(한국) ⇨ ________________

(3) 나타샤(러시아) ⇨ ________________

(4) 가오리(베트남) ⇨ ________________

2. 다음 <보기>와 같이 순서대로 자기를 소개하세요.

<보기> 저는 나타샤입니다. 저는 러시아 사람입니다.
저는 러시아 사람 나타샤입니다.

(1) 자기 이름을 넣어 자기를 소개하세요.

(2) 자기 국적을 넣어 자기를 소개하세요.

(3) 자기 이름과 국적을 넣어 자기를 소개하세요.

TIP

• 이름 名字 / name • 국적 国籍 / nationality

한국의 나라 이름의 변천

고대에는 만주와 한반도에 고구려, 백제, 신라 세 나라가 있었다. 그러다가 신라가 이 세 나라를 하나로 합쳐 한반도에 통일된 나라를 세웠다. 그 뒤 고려가 신라를 이어받았고, 다시 조선이 고려를 이어받았다. 조선이 일본에 나라를 빼앗기었다가 광복이 되어 세워진 나라가 대한민국(줄여서 한국)이다.

韩国国名的变迁

古代，在满洲和韩半岛有高句丽，百济，新罗三个国家，后来，新罗合并三国，在韩半岛建立了统一的国家。此后，高丽继承了新罗，朝鲜又继承了高丽。朝鲜被日本强占，光复后建立的国家便是大韩民国（简称韩国）。

The History Behind Korea's Name Changes

In ancient times, there were three nations on the Korean peninsula and Manju: Koguryeo, Baekjae, and Shilla. One of the kingdoms, Shilla, unified all the others, and founded the Shilla nation on the Korean peninsula. Goryeo succeeded Shilla, and was in turn followed by Chosun. Chosun was colonized by Japan for a while, but after independence, the Republic of Korea (or "Korea") was established.

제2과 그것은 책입니다

MP3 File 13, 14

왕신 이것은 무엇입니까?

리칭 그것은 책입니다.

왕신 그것은 무엇입니까?

리칭 이것은 연필입니다.

왕신 저것은 무엇입니까?

리칭 저것은 책상입니다.

TIP

• 이것 这个 / this (thing) • 책 书 / book • 무엇 什么 / what • 연필 铅笔 / pencil • 책상 书桌 / desk

MP3 File 15, 16

왕신　이것은 한국어 책입니까?

리칭　아니요, 그것은 한국어 책이 아닙니다.
그것은 중국어 책입니다.

왕신　저것도 중국어 책입니까?

리칭　아니요, 저것은 중국어 책이 아닙니다.
저것은 일본어 책입니다.

왕신　그것도 일본어 책입니까?

리칭　아니요, 이것은 일본어 책이 아닙니다.
이것은 영어 책입니다.

TIP

• 한국어 韩国语 / Korean • 중국어 中国语 / Chinese • 일본어 日语 / Japanese • 영어 英语 / English
• 저것 那个 / that (thing) • 그것 那个 / it

MP3 File 17, 18

왕신 이것은 사과가 아닙니까?

리칭 예, 그것은 사과가 아닙니다. 그것은 배입니다.

왕신 그것은 포도가 아닙니까?

리칭 예, 이것은 포도가 아닙니다. 이것은 딸기입니다.

왕신 저것은 귤이 아닙니까?

리칭 예, 저것은 귤이 아닙니다. 저것은 오렌지입니다.

왕신 토마토는 과일이 아닙니까?

리칭 예, 아닙니다. 채소입니다.

TIP

• 사과 苹果 / apple • 배 梨 / pear • 포도 葡萄 / grape • 딸기 草莓 / strawberry • 귤 橘子 / tangerine
• 오렌지 橙子 / orange • 토마토 西红柿 / tomato • 과일水果 / fruit • 채소 蔬菜 / vegetable

MP3 File 19, 20

왕신　이분은 누구입니까?

리칭　그분은 브라운 씨입니다.

왕신　그분은 누구입니까?

리칭　이분은 다나카 씨입니다.

왕신　저분은 누구입니까?

리칭　저분은 나타샤 씨입니다.

MP3 File 21, 22

왕신　이분은 한국 사람입니까?

리칭　예, 그분은 한국 사람입니다.

왕신　그분은 일본 사람입니까?

리칭　예, 이분은 일본 사람입니다.

왕신　저분은 미국 사람입니까?

리칭　예, 저분은 미국 사람입니다.

TIP

• 이분 这位 / this man　• 저분 那位 / that man　• 그분 那位 / the man　• 누구 谁 / who

MP3 File 23, 24

왕신　이분은 중국 사람입니까?

리칭　예, 그분은 중국 사람입니다.

왕신　그분도 중국 사람입니까?

리칭　아니요, 이분은 중국 사람이 아닙니다. 이분은 한국 사람입니다.

왕신　저분은 일본 사람이 아닙니까?

리칭　예, 저분은 일본 사람이 아닙니다. 저분은 미국 사람입니다.

왕신　그분도 러시아 사람이 아닙니까?

리칭　예, 이분도 러시아 사람이 아닙니다. 이분은 일본 사람입니다.

TIP

• 도 也，还 / too, also

어 휘

교실 안에 있는 사물, 학용품

책상
书桌 / desk

의자
椅子 / chair

교탁
讲桌 / the lecture desk

칠판
黑板 / blackboard

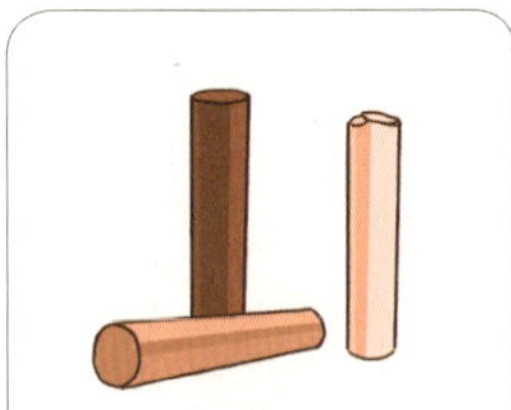
분필
粉笔 / chalk

지우개
擦子, 橡皮 / eraser

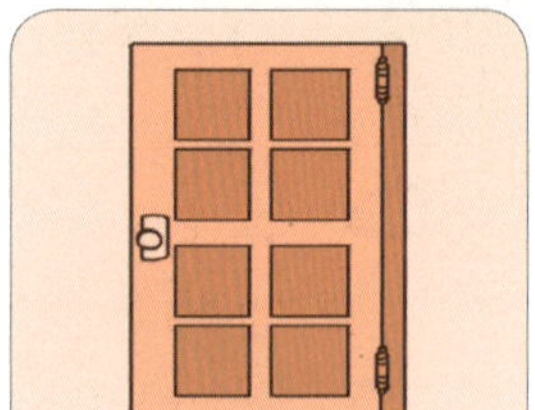
문
门 / door

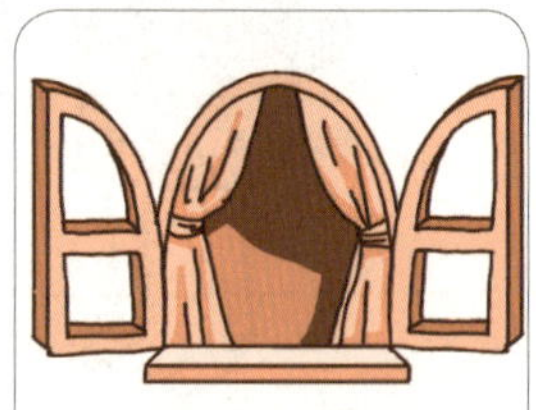
창문
窗 / window

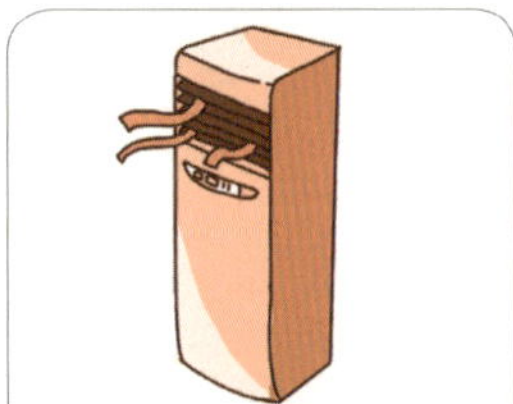
에어컨
空调 / air-conditioner

벽
墙壁 / the wall

시계
钟表 / watch, clock

책
书 / book

공책
笔记本 / notebook

연필
铅笔 / pencil

볼펜
圆珠笔 / ballpoint

필통
笔筒, 文具盒 / pencil case

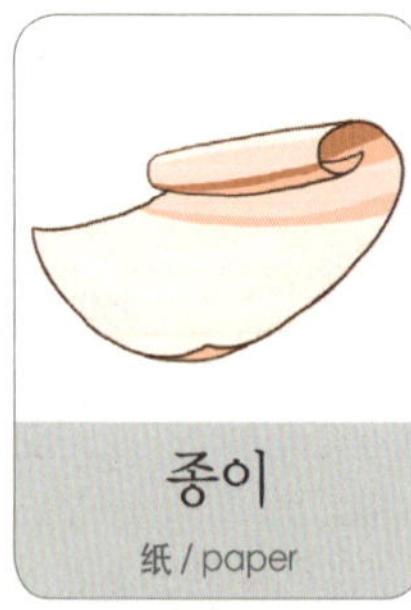
종이
纸 / paper

가방
包, 提包 / bag

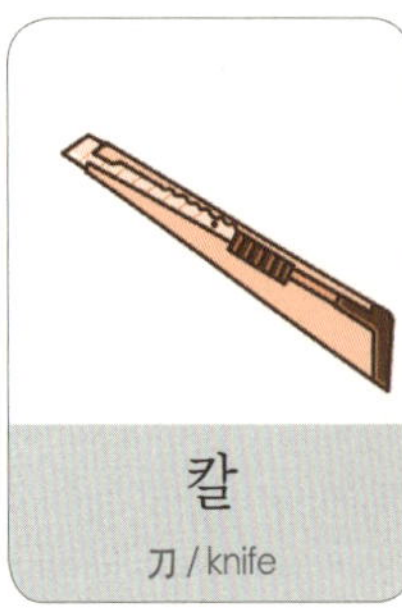
칼
刀 / knife

색종이
彩纸 / colored paper

자
尺子 / ruler

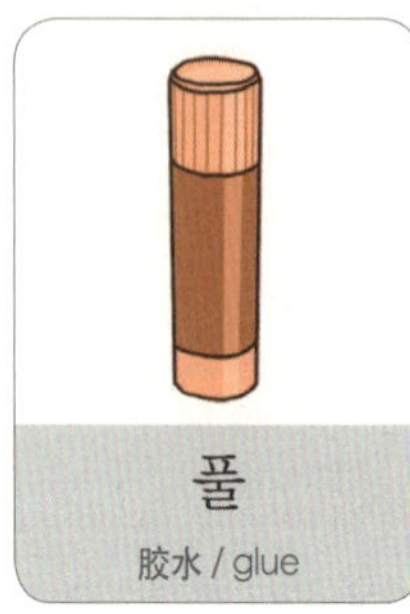
풀
胶水 / glue

어휘

과일 이름

사과
苹果
apple

배
梨
pear

수박
西瓜
watermelon

참외
甜瓜, 香瓜
oriental melon

딸기
草莓
strawberry

귤
橘子
tangerine

오렌지
橙子
orange

바나나
香蕉
banana

멜론
香瓜, 甜瓜
melon

감
柿子
persimmon

포도
葡萄
grape

밤
栗子
chestnut

채소 이름

배추
白菜
chinese cabbage

무
萝卜
radish

시금치
菠菜
spinach

파
葱
scallion

고추
辣椒
chili

부추
韭菜
chives

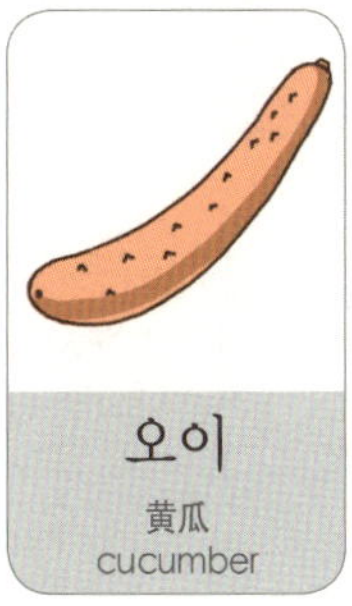
오이
黄瓜
cucumber

당근
胡萝卜
carrot

미나리
水芹
water parsley

양배추
卷心菜
cabbage

호박
南瓜
pumpkin, squash

마늘
蒜, 大蒜
garlic

어 휘

수사 -한자어 수사

※ 다음 수를 읽으세요.

1	일	11	십일	21	이십일	31	-	10	십
2	이	12	십이	22	이십이	32	-	20	이십
3	삼	13	십삼	23	이십삼	33	-	30	삼십
4	사	14	십사	24	이십사	34	-	40	사십
5	오	15	십오	25	이십오	35	-	50	오십
6	육	16	십육	26	이십육	36	-	60	육십
7	칠	17	십칠	27	이십칠	37	-	70	칠십
8	팔	18	십팔	28	이십팔	38	-	80	팔십
9	구	19	십구	29	이십구	39	-	90	구십
10	십	20	이십	30	삼십	40	-	100	백

1,000	천	10,000	만	100,000	십만
1,000,000	백만	10,000,000	천만	100,000,000	억

※ 다음 수를 읽으세요.

34		283	
48		3,195	
57		15,032	
66		748,000	
79		5,634,279	

어 휘

● 수사 –고유어 수사

※ 다음 수를 읽으세요.

1	하나	11	열하나	21	스물하나	31	-	10	열
2	둘	12	열둘	22	스물둘	32	-	20	스물
3	셋	13	열셋	23	스물셋	33	-	30	서른
4	넷	14	열넷	24	스물넷	34	-	40	마흔
5	다섯	15	열다섯	25	스물다섯	35	-	50	쉰
6	여섯	16	열여섯	26	스물여섯	36	-	60	예순
7	일곱	17	열일곱	27	스물일곱	37	-	70	일흔
8	여덟	18	열여덟	28	스물여덟	38	-	80	여든
9	아홉	19	열아홉	29	스물아홉	39	-	90	아흔
10	열	20	스물	30	서른	40	-	100	백

1,000	천	10,000	만	100,000	십만
1,000,000	백만	10,000,000	천만	100,000,000	억

※ 다음 수를 읽으세요.

34		883	
48		3,295	
57		85,032	
66		148,000	
79		5,634,279	

문 법

▶ 이/가 아닙니다

명사에 붙어 어떤 사실을 부정하는 뜻을 나타내는 말. '입니다'의 부정형.

接在名词之后，表示否定某种事实，是"입니다"的否定形。

Added after a noun, it means that something is not true. It is the negative form of '입니다'.

- 이것은 책이 아닙니다.
- 저것은 지우개가 아닙니다.

※ 다음 (　　) 속에 '입니다'나 '이/가 아닙니다'를 쓰세요.

(1) 리칭은 중국 사람 (　　　　　)

(2) 책상은 종이 (　　　　　)

(3) 꽃은 나무 (　　　　　)

(4) 영수는 한국 사람 (　　　　　)

TIP

• 꽃 花 / flower　• 나무 树 / tree

문 법

▶ 예/아니요

윗사람이 묻는 말에 대답할 때 쓰는 말. '예'는 긍정으로 대답할 때 쓰는 말이고, '아니요'는 부정으로 대답할 때 쓰는 말이다.

用于回答长辈或上司的问话。"예"用于肯定的回答，"아니요"用于否定的回答。
Used to answer someone older than the speaker. '예' is 'Yes', and '아니요' is 'No'.

- "이것은 책입니까? "/ "예, 그것은 책입니다."
- "이것은 책입니까?" / "아니요, 그것은 책이 아닙니다."

※ 다음 물음에 '예', 또는 '아니요'로 답하고 말을 이으세요.

(1) 리칭은 중국 사람입니까? ⇨ ____________________

(2) 토마토도 과일입니까? ⇨ ____________________

(3) 시계도 학용품입니까? ⇨ ____________________

(4) 공책도 책입니까? ⇨ ____________________

문법

▶ 이것, 저것, 그것, 무엇

'이것'은 말하는 이와 가까이 있는 사물을 가리키는 말. '그것'은 듣는 이에게 가까이 있거나 듣는 이가 생각하고 있는 사물을 가리키는 말. '저것'은 말하는 이와 듣는 이 모두에게 멀리 있는 사물을 가리키는 말. '무엇'은 모르는 사물을 가리키는 말.

"이것"指离话者近的事物；"그것"指离听者近或是听者所认为的事物；"저것"指离话者和听者都远的事物；"무엇"指不知道的事物。

'이것' is used to refer to something that is near you. '그것' is used to refer to something that is near the listener, or something that the listener knows because it has already been mentioned. '저것' is used to indicate something that is at a distance from both speaker and listener. '무엇' refers to something unknown to you.

※ 다음 (　　) 속에 '이것, 저것, 그것, 무엇' 중 하나를 골라 쓰세요.

(1) (　　　　　　)은 무엇입니까? / 저것은 책상입니다.

(2) 이것은 무엇입니까? / (　　　　　　)은 연필입니다.

(3) 그것은 (　　　　　　)입니까? / 이것은 책입니다.

(4) 이것도 지우개입니까? / 예, (　　　　　　)도 지우개입니다.

문 법

▶ 이분, 저분, 그분, 누구

'이분'은 말하는 사람과 가까이 있는 사람을 가리키는 말. '저분'은 말하는 사람과 듣는 사람 모두에게 멀리 있는 사람을 가리키는 말. '그분'은 듣는 사람에게 가까이 있거나 듣는 사람이 생각하고 있는 사람을 가리키는 말. '누구'는 모르는 사람을 가리키는 말.

"이분"指离话者近的人；"저분"指离话者和听者都远的人；"그분"指离听者近或是听者所认为的人；"누구"指不知道的人。

'이분' refers to someone near the speaker. '저분' refers to someone who is far away from both the speaker and listener. '그분' refers to someone near the listener, or someone that the listener knows because he or she has already been mentioned. '누구' refers to someone unknown to you.

※ 다음 ( ) 속에 '이분, 저분, 그분, 누구' 중 하나를 골라 쓰세요.

(1) 이분은 (   )입니까? / 그분은 쑨원 씨입니다.

(2) (   )도 중국 사람입니까? / 예, 저분도 중국 사람입니다.

(3) 그분은 미국 사람입니까? / 아니요, (   )은 러시아 사람입니다.

(4) (   )도 한국 사람입니까? / 예, 이분도 한국 사람입니다.

말하기

1. (　) 속에 있는 낱말을 이용하여 다음 물음에 대답하세요.

(1) 저것은 무엇입니까? (볼펜)

(2) 그것은 무엇입니까? (종이)

(3) 이것은 무엇입니까? (필통)

2. 다음 물음에 '예'로 대답하고 말을 이으세요.

(1) 저것도 지우개입니까?

(2) 이것도 칼입니까?

(3) 그것도 가방입니까?

3. 다음 물음에 '아니요'와 함께 (　) 속에 있는 낱말을 넣어 대답하세요.

(1) 이것은 책상입니까? (의자)

(2) 저것은 칠판입니까? (지우개)

(3) 그것은 가방입니까? (필통)

4. 다음 물음에 '예'와 함께 (　) 속에 있는 낱말을 넣어 대답하세요.

(1) 이것은 분필이 아닙니까? (연필)

(2) 저것은 책상이 아닙니까? (교탁)

(3) 그것은 벽이 아닙니까? (마루)

TIP

• 마루 韩屋檐下的廊子 / floor

제3과 도서관은 어디에 있습니까?

MP3 File 25, 26

강지애　산은 어디에 있습니까?

리칭　마을 뒤에 있습니다.

강지애　마을 앞에 무엇이 있습니까?

리칭　강이 있습니다.

TIP

• 산 山 / mountain　• 마을 村子 / village, town　• 강 江, 河 / river　• 어디 哪儿 / where

MP3 File 27, 28

김영민　여기에 도서관이 있습니다. 거기에 무엇이 있습니까?

왕신　여기에 기숙사가 있습니다.

김영민　저기에 무엇이 있습니까?

왕신　저기에 은행이 있습니다.

김영민　이시다 씨 오른쪽에 누가 있습니까?

이시다　왕신 씨가 있습니다.

왕신　이시다 씨 왼쪽에 누가 있습니까?

이시다　김영민 씨가 있습니다. 저는 가운데 있습니다.

TIP

• 도서관 图书馆 / library • 기숙사 宿舍 / dormitory • 은행 银行 / bank • 있다 有, 在 / be
• 여기 这里, 这儿 / here • 거기 那里, 那儿 / there • 저기 那里, 那儿 / over there • 오른쪽 右边, 右侧 / right
• 왼쪽 左边, 左侧 / left • 가운데 中间, 中 / center, middle • 누가(←누구가) 谁 / who • 위 上, 上面 / on
• 아래 下, 下面 / under • 옆 旁, 旁边 / side

MP3 File 29, 30

왕신　책상 위에 무엇이 있습니까?

김영민　책상 위에 책이 있습니다.

왕신　책상 아래 무엇이 있습니까?

김영민　책상 아래 연필이 있습니다.

왕신　책상 옆에 무엇이 있습니까?

김영민　책상 옆에 창문이 있습니다.

어 휘

● 학교 안의 시설

● 앞, 뒤, 가운데

※ 왼쪽 그림을 보고 ( ) 속에 '앞, 가운데, 뒤' 중 하나를 쓰세요.

1. 영민 (　　)에 지애가 있습니다.
2. 지애 (　　)에 영민이 있습니다.
3. 가운데는 (　　)가 있습니다.

● 안, 밖

※ 다음 그림을 보고 (　) 속에 '안'이나 '밖'을 쓰세요.

1. 가방 (　　)에 책이 있습니다.
2. 가방 (　　)에 필통이 있습니다.
3. 교실 (　　)에 운동장이 있습니다.
4. 운동장 (　　)에 공이 있습니다.

TIP

• 앞 前面 / in front of　• 뒤 后面 / back　• 가운데 中间, 中 / center　• 안 里面 / in　• 밖 外面 / out
• 운동장 运动场, 操场 / the playground　• 공 球 / ball

어 휘

● 오른쪽, 왼쪽, 위쪽, 아래쪽, 동쪽, 서쪽, 남쪽, 북쪽

1. 위의 그림을 보고 (   ) 속에 '오른쪽, 왼쪽, 위쪽, 아래쪽' 중 하나를 골라 쓰세요.

(1) 대진 (   )에 안동이 있습니다.

(2) 대전 (   )에 군산이 있습니다.

(3) 대전 (   )에 서울이 있습니다.

(4) 대전 (   )에 진주가 있습니다.

2. 위의 그림을 보고 (   ) 속에 '동쪽, 서쪽, 남쪽, 북쪽' 중 하나를 골라 쓰세요.

(1) 대전 (   )에 서울이 있습니다.

(2) 대전 (   )에 진주가 있습니다.

(3) 대전 (   )에 군산이 있습니다.

(4) 대전 (   )에 안동이 있습니다.

TIP

• 오른쪽 右边 / right • 왼쪽 左边 / left • 위쪽 上边 / up • 아래쪽 下边 / down
• 동쪽 东边 / east • 서쪽 西边 / west • 남쪽 南边 / south • 북쪽 北边 / north

문법

▶ 에[1]

주로 명사에 붙어 앞말이 장소임을 나타내는 말.

一般接在名词之后，表示其前面的语句是场所。

Usually added after a noun, it indicates the noun is a place.

• 영수는 학교에 있습니다.

• 나타샤는 러시아에 갑니다.

1. 다음 〈보기〉와 같이 대답하세요.

〈보기〉 리칭은 지금 어디에 있습니까? (도서관)

⇨ 리칭은 지금 도서관에 있습니다.

(1) 도서관은 어디에 있습니까? (학생회관 앞)

⇨ ______________________

(2) 쑨원은 지금 어디에 갑니까? (중국)

⇨ ______________________

(3) 학생들은 모두 어디에 있습니까? (강의실)

⇨ ______________________

(4) 도서관에는 무엇이 있습니까? (책)

⇨ ______________________

2. 다음 〈보기〉와 같이 쓰세요.

〈보기〉 공, 운동장, 있다 ⇨ 공이 운동장에 있습니다.

(1) 철수, 서울, 가다 ⇨ ______________________

(2) 리칭, 은행, 가다 ⇨ ______________________

(3) 책상, 위, 책 ⇨ ______________________

문법

▶ 이/가

주로 명사에 붙어 앞말이 동작이나 상태의 주체임을 나타내는 말. 문장에서는 주어임을 나타냄. 받침 있는 말 다음에는 '이'가 오고, 받침 없는 말 다음에는 '가'가 온다.

一般接在名词之后，表示前面的语句是动作或状态的主体，在句子中作主语。有韵尾的名词后接"이"；没有韵尾的名词后接"가"。

Usually added after a noun, it shows that the noun is the subject of the following verbs' action or condition. '이' is used with nouns ending with a consonant, while '가' is used with nouns ending with a vowel.

- 산에 나무가 있습니다.
- 마을 앞에 강이 있습니까?

※ 다음 (　　) 속에 '이'나 '가'를 쓰세요.

(1) 여기에 기숙사(　　　) 있습니다.

(2) 저기에도 꽃(　　　) 있습니다.

(3) 다나카(　　　) 누구입니까?

(4) 저것(　　　) 무엇입니까?

문법

▶ (으)로 [1]

주로 명사에 붙어 움직임의 방향임을 나타내는 말.

一般接在名词之后，表示行动的方向。

Usually added after a noun, it indicates the direction that someone or something is moving towards.

- 도서관은 저쪽으로 갑니까?
- 우체국은 어디로 갑니까?

※ 다음 (　　) 속에 '으로'나 '로'를 쓰세요.

(1) 식당은 북쪽(　　　　) 갑니까?

(2) 은행은 왼쪽(　　　　) 갑니다.

(3) 리칭은 기숙사(　　　　) 갑니다.

(4) 마을 뒤(　　　　) 강이 흐릅니다.

문법

▶ 여기, 저기, 거기, 어디

'여기'는 말하는 사람과 가까이 있는 장소를 가리키는 말. '거기'는 듣는 사람에게 가까이 있거나 듣는 사람이 생각하고 있는 장소를 가리키는 말. '저기'는 말하는 사람과 듣는 사람 모두에게 멀리 있는 장소를 가리키는 말. '어디'는 모르는 장소를 가리키는 말.

"여기"指离话者近的场所；"거기"指离听者近或是听者所认为的场所；"저기"指离话者和听者都远的场所；"어디"指不知道的场所。

'여기' refers to the place where the speaker is. '거기' refers to the place where the listener is, or that the listener already knows because it was mentioned. '저기' refers to a place that is at a distance from both the speaker and listener. '어디' is a place unknown to you.

※ 다음 (　　) 속에 '여기, 저기, 거기, 어디' 중 하나를 골라 쓰세요.

(1) 여기는 (　　　　) 입니까? / 거기는 도서관입니다.

(2) 여기는 어디입니까? / (　　　　)는 식당입니다.

(3) 거기에 무엇이 있습니까? / (　　　　)에는 은행이 있습니다.

(4) 저기도 식당입니까? / 예, (　　　　)도 식당입니다.

문 법

▶ 이쪽, 저쪽, 그쪽, 어느 쪽

'이쪽'은 말하는 사람과 가까이 있는 방향을 가리키는 말. '그쪽'은 듣는 사람에게 가까이 있거나 듣는 사람이 생각하고 있는 방향을 가리키는 말. '저쪽'은 말하는 사람과 듣는 사람 모두에게 멀리 있는 방향을 가리키는 말. '어느 쪽'은 모르는 방향을 가리키는 말.

“이쪽”指离话者近的方向；“그쪽”指离听者近或是听者所认为的方向；“저쪽”指离话者和听者都远的方向；“어느쪽”指不知道的方向。“이쪽”指离话者近的方向；“그쪽”指离听者近或是听者所认为的方向；“저쪽”指离话者和听者都远的方向；“어느 쪽”指不知道的方向。

'이쪽' refers to the direction that the speaker is heading. '그쪽' refers to the direction that the listener is heading, or that the listener already knows because it was mentioned. '저쪽' refers to a direction that is at a distance from both the speaker and listener. '어느 쪽' is a direction unknown to you.

문 법

1. 왼쪽 그림을 보고 다음 (　　) 속에 '이쪽, 저쪽, 그쪽, 어느 쪽' 중 하나를 골라 쓰세요.

지애　: 식당은 이쪽에 있습니다. 그쪽에는 무엇이 있습니까?

왕신　: (　　　　)에는 은행이 있습니다.

김영민 : 우체국은 (　　　　)에 있습니까?

왕신　: 우체국은 (　　　　)에 있습니다.

2. 다음 가리킴 말들을 넣어 문장을 만드세요.

- 사물 : 이것, 저것, 그것, 무엇
- 사람 : 이분, 저분, 그분, 누구
- 장소 : 여기, 저기, 거기, 어디
- 방향 : 이쪽, 저쪽, 그쪽, 어느 쪽

(1) 이것 : ______________________

(2) 무엇 : ______________________

(3) 저분 : ______________________

(4) 누구 : ______________________

(5) 거기 : ______________________

(6) 어디 : ______________________

(7) 이쪽 : ______________________

(8) 어느 쪽 : ______________________

말하기

※ 다음 그림을 보고, 물음에 대답하세요.

(1) 은행은 어느 쪽에 있습니까?

(2) 식당은 어디에 있습니까?

(3) 박물관은 도서관 어느 쪽에 있습니까?

TIP

• 박물관 博物馆 / museum

한국의 주변 국가

한국의 서쪽에 중국이 있습니다. 그래서 한국 사람들은 옛날부터 한국을 중국의 동쪽 나라, 즉 동국이라고 불러 왔습니다. 한국의 서쪽에 있는 바다는 서해라 부르기도 하고 황해라고 부르기도 합니다. 한국의 동쪽에 있는 나라는 일본입니다. 그리고 한국과 일본 사이에 있는 바다를 동해라고 부릅니다. 한국의 북쪽에는 러시아가 있습니다. 한국의 남쪽은 태평양 바다로 이어집니다.

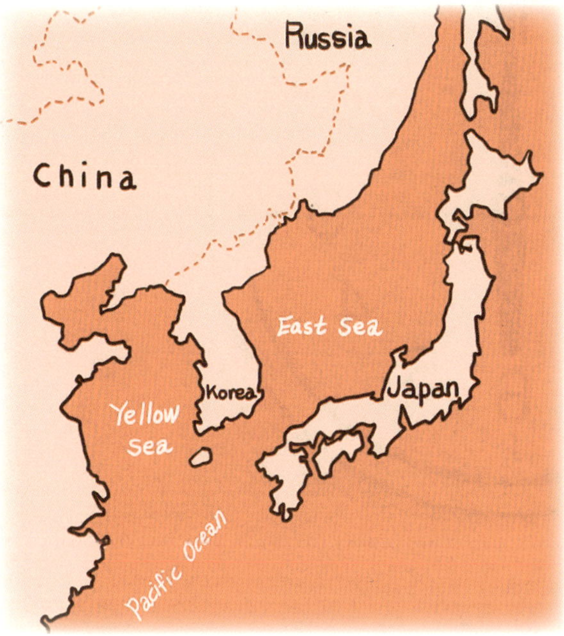

韩国的周边国家

韩国的西边是中国，所以韩国人自古以来称韩国为中国东边的国家即东国。韩国西边的海既叫西海也叫黄海。韩国的东边是日本，韩国和日本之间的海叫做东海。韩国的北边是俄罗斯，韩国的南边海域与太平洋相连。

China lies to the west of Korea, so since early times, Korea has been called the East Country by China, the Nation of the East. The sea on Korea's western side is called the West Sea, or Yellow Sea. Japan lies to the east of Korea, and the sea located between the two nations is called the East Sea. Russia is located to the north of Korea, and the Pacific Ocean to the south.

제4과 점심은 몇 시에 먹습니까?

MP3 File 31, 32

리칭 아침 몇 시에 일어납니까?

왕신 6시에 일어납니다.

리칭 아침밥은 몇 시에 먹습니까?

왕신 7시 반에 먹습니다.

리칭 몇 시에 학교에 갑니까?

왕신 8시 반에 갑니다.

리칭 점심은 몇 시에 먹습니까?

왕신 점심은 12시 반에 먹습니다.

리칭 저녁밥은 몇 시에 먹습니까?

왕신 오후 7시에 먹습니다.

MP3 File 33, 34

벽에 시계가 있습니다. 시계에는 바늘이 있습니다.

긴바늘은 분을 가리킵니다. 짧은바늘은 시간을 가리킵니다.

낮 열두 시는 정오입니다. 밤 열두 시는 자정입니다. 낮 열두 시 이전은 오전입니다.

낮 열두 시 이후는 오후입니다.

지금은 몇 시입니까? 열 시 십오 분입니다.

짧은바늘이 6과 7 사이에 있고, 긴바늘은 6을 가리킵니다. 몇 시입니까? 여섯 시 반입니다.

짧은바늘이 1과 2 사이에 있고, 긴바늘이 11에 있습니다. 몇 시입니까? 두 시 오 분 전입니다.

짧은바늘이 3에 있고, 긴바늘이 12에 있습니다. 몇 시입니까? 정각 세 시입니다.

TIP

• 벽 墙壁 / wall • 시계 钟表 / a watch, clock • 바늘 针 / the hands of a clock • 짧은바늘 时针 / a hour hand
• 시 时, 点 / time, hour • 긴바늘 分针 / a minute hand • 분 分 / minute • 가리키다 指 / to indicate
• 낮 白天 / day • 열두 十二 / twelve • 정오 正午 / noon • 밤 夜晚, 晚上 / night
• 자정 子夜, 午夜 / midnight • 이전 以前 / before • 오전 上午 / a.m. • 이후 以后 / after • 오후 下午 / p.m.
• 사이 之间 / between • 반 半 / half • 두 两 / two • 전 前 / before • 정각 正点 / on time • 세 三 / three

MP3 File 35, 36

리칭 지금 몇 시입니까?

왕신 12시 30분입니다.

리칭 강의는 언제 마칩니까?

왕신 11시 50분에 마칩니다.

리칭 모임은 몇 시에 있습니까?

왕신 오후 1시 반에 있습니다.

리칭 그럼 점심은 몇 시에 먹습니까?

왕신 오후 1시에 먹습니다.

TIP

• 몇 几 / how many • 강의 讲课, 上课 / a lecture • 언제 什么时候 / when • 마치다 完成, 结束 / to finish
• 모임 聚会 / meeting • 점심 中午, 午饭 / lunch • 먹다 吃 / to eat

어 휘

● 기본 동사

※ 다음 동사와 그림을 이으세요.

일어나다 ●
起床、站起来 / to get up

자다 ●
睡觉 / to sleep

가다 ●
去, 前往 / to go

오다 ●
来 / to come

먹다 ●
吃 / to eat

쓰다 ●
写 / to write

읽다 ●
读, 念 / to read

보다 ●
看 / to see

듣다 ●
听 / to listen

앉다 ●
坐 / to sit

서다 ●
站, 立 / to stand

● 

● 

● 

● 

● 

● 

● 

● 

● 

● 

● 

어 휘

● 시, 분 헤아리기

시			
1	한	11	열한
2	두	12	열두
3	세	13	열세
4	네	14	열네
5	다섯	15	열다섯
6	여섯	16	열여섯
7	일곱	17	열일곱
8	여덟	18	열여덟
9	아홉	19	열아홉
10	열	20	스무

분			
1	일	11	십일
2	이	12	십이
3	삼	13	십삼
4	사	14	십사
5	오	15	십오
6	육	16	십육
7	칠	17	십칠
8	팔	18	십팔
9	구	19	십구
10	십	20	이십

● 하루의 때와 식사 때

아침
早上 / morning

낮
白天 / day

저녁
傍晚 / evening

밤
晚上 / night

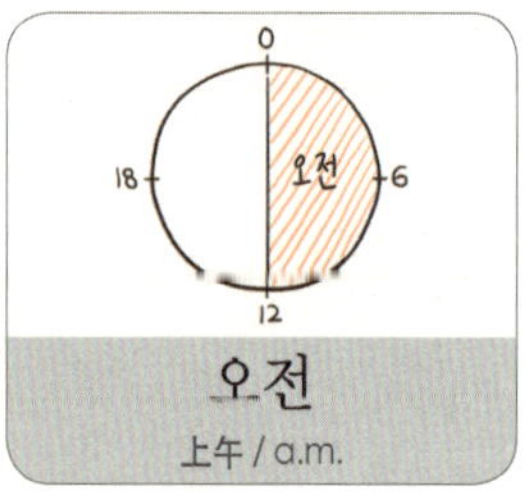

오전
上午 / a.m.

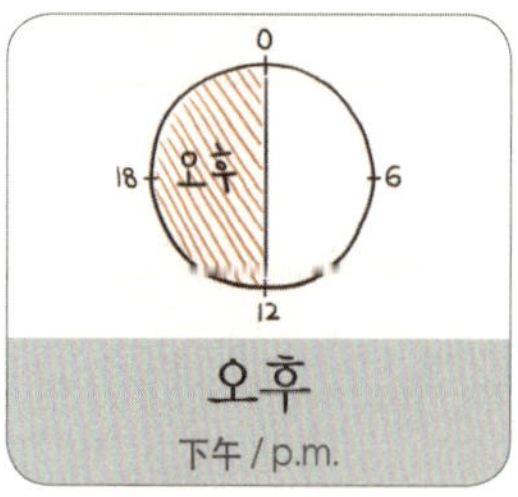

오후
下午 / p.m.

정오
正午 / noon

아침(밥)
早饭 / breakfast

점심
午饭 / lunch

저녁(밥)
晚饭 / dinner

새벽
门凌晨 / dawn, door

자정
子夜, 午夜 / midnight

어 휘

● 시계 관련 어휘

시계
钟表 / clock

손목시계
手表 / watch

벽시계
挂钟 / wall clock

탁상시계
座钟 / table clock

시계 바늘
表针 / the hands of a clock

시침
时针 / an hour hand

분침
分针 / a minute hand

초침
秒针 / a second hand

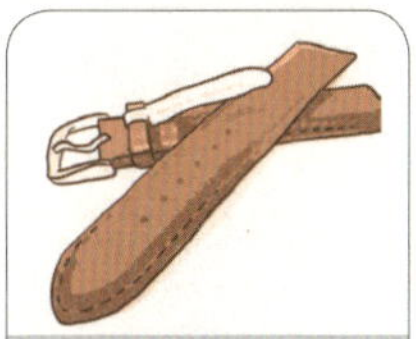

시곗줄
表链儿 / watch strap

추
钟摆 / pendulum

문 법

▶ 에 2

주로 명사에 붙어 앞말이 시간의 뜻을 지닌 말임을 나타내는 말.

一般接在名词之后，表示前面的词语为时间词。

Usually added after a noun, it indicates that the noun has the meaning of time.

- 아침 몇 시에 일어납니까?
- 점심은 12시 반에 먹습니다.

※ 다음 물음에 '에'를 넣어 대답하세요.

(1) 학교는 몇 시에 갑니까?

(2) 친구는 몇 시에 만납니까?

(3) 강의는 몇 시에 시작합니까?

(4) 저녁밥은 몇 시에 먹습니까?

문법

▶ -{ㅂ니다/습니다}

현재의 동작이나 상태를 서술하는 말. 받침이 없는 말 뒤에는 '-ㅂ니다'를 쓰고, 받침이 있는 말 뒤에는 '-습니다'를 쓴다.

用以叙述现在的动作或状态。没有韵尾的谓词词干后面加"-ㅂ니다"，有韵尾的谓词词干后面加"-습니다"。

This describes the current motions or conditions. When the previous word ends with a consonant, '-습니다' is used, otherwise '-ㅂ니다' is used.

- 오전 8시에 학교로 갑니다.
- 강의는 오후 1시에 시작합니다.
- 지금은 낮 12시입니다.

1. 다음 말에서 '-다' 대신에 '-ㅂ니다/-습니다'를 붙여 보세요.

(1) (집에) 가다 ⇨ ______ (2) (비가) 오다 ⇨ ______

(3) (말을) 듣다 ⇨ ______ (4) (책을) 읽다 ⇨ ______

(5) (옷) 이다 ⇨ ______ (6) (개가) 아니다 ⇨ ______

2. 다음 물음에 '예/아니요'로 대답하고, '-ㅂ니다/-습니다'로 끝나는 말을 이어 보세요.

(1) 학교는 오전 8시에 갑니까? ⇨ ______

(2) 친구는 오후 3시에 만납니까? ⇨ ______

(3) 강의는 오전 10시에 시작합니까? ⇨ ______

(4) 저녁밥은 오후 5시에 먹습니까? ⇨ ______

TIP

• 친구 朋友 / friend • 만나다 遇见, 相逢 / to meet • 시작하다 开始, 着手 / to start

문 법

▶ -{ㅂ니까/습니까}

문장을 의문으로 끝내는 말. 받침이 없는 말 뒤에는 '-ㅂ니까'가 오고, 받침이 있는 말 뒤에는 '-습니까'가 온다.

疑问式终结词尾。没有韵尾的词干后加"-ㅂ니까"，有韵尾的词干后加"-습니까"。

This makes the sentence a question. When the previous word ends with a consonant, '-습니까' is used, otherwise '-ㅂ니까' is used.

- 오전 8시에 학교로 갑니까?
- 강의는 몇 시에 시작합니까?
- 지금은 낮 12시입니까?

1. 다음 말 뒤에 '-ㅂ니까/-습니까'를 붙여 보세요.

(1) (집에) 가다 ⇨ ______________ (2) (비가) 오다 ⇨ ______________

(3) (말을) 듣다 ⇨ ______________ (4) (책을) 읽다 ⇨ ______________

(5) (옷)이다 ⇨ ______________ (6) (개가) 아니다 ⇨ ______________

2. 다음 말이 나올 수 있는 물음을 만들어 보세요.

(1) 학교는 오전 8시에 갑니다.

⇨ ______________________________

(2) 친구는 오후 3시에 만납니다.

⇨ ______________________________

(3) 강의는 오전 10시에 시작합니다.

⇨ ______________________________

(4) 저녁밥은 오후 5시에 먹습니다.

⇨ ______________________________

말하기

1. 다음 시계를 보고 시와 분을 말해 보세요.

2. 다음 물음에 대답하세요.

(1) 2시 반은 2시 몇 분입니까?

(2) 3시 5분 전은 2시 몇 분입니까?

(3) 4시 10분 전은 3시 몇 분입니까?

(4) 자정은 몇 시입니까?

3. 나의 일상생활에서 다음 물음에 해당하는 시간을 말해 보세요.

(1) 아침에는 언제 일어납니까?

(2) 아침 식사는 몇 시에 합니까?

(3) 학교에는 몇 시에 옵니까?

(4) 일주일에 수업은 몇 시간 있습니까?

(5) 저녁밥은 몇 시에 먹습니까?

(6) 잠은 언제 잡니까?

TIP

• 식사 吃饭, 用餐 / meal • 일주일 一周 / a week • 시간 时间 / time • 잠 睡觉, 睡眠 / sleep

한국의 시계

조선 세종대왕 때인 15세기에 장영실 등이 해시계 앙부일구와 물시계 자격루 등을 만들었다. 서울시 종로구 훈정동에 있는 앙부일구는 솥뚜껑처럼 생겼다 하여 앙부일구(仰釜日晷)라 이름 붙였다. 앙부일구는 계절과 시간을 모두 알 수 있는 매우 유용한 시계였다. 현재는 매우 작은 앙부일구만 남아 전한다. 자격루(自擊漏)는 흐린 날씨와 밤에도 시간을 측정할 수 있는 물시계 특유의 장점과 자동적으로 시간을 알려주는 해시계의 장점 모두를 지니고 있었다. 그리고 계절에 따라 달라지는 시간도 고려한 매우 정교한 시계였다.

덕수궁에 보관된 국보 229호 자격루. 이는 세종 때 장영실이 만든 것을 개량하여 중종 때 새로 만든 것이다.
国宝229号—自击漏现存德寿宫，是中宗时期对世宗时期蒋英实制作的自击漏进行改良而成的。
Chagyeokroo, National Treasure #229, is preserved at Doksu Palace. Invented by Jang Yeongsil when King Sejong was king, changes designed to improve it occurred during the reign of King JungJong.

읽기

韩国的钟表

公元15世纪，朝鲜世宗大王在位期间，蒋英实等制作了仰釜日晷（日规）和自击漏（水漏）。仰釜日晷安置在首尔钟路区熏井洞，因样子像朝上的锅盖而得名。仰釜日晷的用途曾十分广泛，既能测定季节又能测定时间。现在传下来的只是规模很小的仰釜日晷。自击漏是非常精巧的钟表，它不仅兼有在阴天和晚上也能测定时间这一水漏特有的优点和自动报时的优点，而且还考虑到了随季节不同而变化的时间。

Korea's Time Instruments

Jang Yeongsil invented Angbuilgu (a sundial) and Chagyeokroo (a water clock) in the 15thcentury,duringthereignoftheGreatChosunKing,Sejong.

Aangbuilgu, located at Hoonjeong-Dong, in Jongno, Seoul, is shaped like a cauldron lid, from which its name comes (仰釜日晷). Aangbuilgu is very useful for knowing the seasons and time. Only a few Angbuilgu still exist.

Not only is Chagyeokroo (自擊漏) a unique water clock designed to figure out the right time even in cloudy weather or at night, it also automatically displays the time, which was the unique advantage of a sundial. In addition to this, Chagyeokroo is quite sophisticated because it takes into account the slight changes in time according to the seasons.

제5과 영민 씨도 같이 운동을 합시다

6월

일	월	화	수	목	금	토
	1	2	3	4	5	6
7	8	9	10	11	12	13
14	15	16	17	18	19	20
21	22	23	24	25 방학	26	27
28	29	30				

MP3 File 37, 38

왕신 오늘은 며칠입니까?

리칭 이십삼일입니다.

왕신 방학은 언제입니까?

리칭 이십오일입니다.

왕신 이십오일은 무슨 요일입니까?

리칭 목요일입니다.

TIP

• 며칠 几天, 几日 / what day (of the month) • 방학 放假 / vacation

MP3 File 39, 40

왕신　영민 씨, 주말에 무엇을 합니까?

영민　집에서 쉽니다. 왕신 씨는 무엇을 합니까?

왕신　저는 운동을 합니다.

주말에는 선생님도 운동을 하십니다.

영민 씨도 같이 운동을 합시다.

영민　예, 좋습니다.

왕신　세 시에 운동장에 오십시오. 운동장에서 만납시다.

TIP

• 주말 周末 / weekend • 쉬다 休息 / to rest • 운동 运动 / exercise • 운동장 运动场, 操场 / playground
• 에서 表示动作进行的场所 / in

MP3 File 41, 42

왕신　브라운 씨는 생일이 언제입니까?

브라운　칠월 십일입니다.

왕신　아, 다음 주입니까?

브라운　예, 다음 주 금요일입니다.
저녁 일곱 시에 우리 집에 오십시오.
같이 저녁식사를 합시다.

TIP

- 생일 生日 / birthday
- 같이 一起、像…似的 / together
- 다음 주 下星期, 下礼拜 / next week
- 금요일 星期五, 周五 / Friday

어휘

월

1월	2월	3월	4월	5월	6월
일월 1月 / January	이월 2月 / February	삼월 3月 / March	사월 4月 / April	오월 5月 / May	유월 6月 / June

7월	8월	9월	10월	11월	12월
칠월 7月 / July	팔월 8月 / August	구월 9月 / September	시월 10月 / October	십일월 11月 / November	십이월 12月 / December

일

1일	2일	3일	4일	5일	6일
일일	이일	삼일	사일	오일	육일

7일	8일	9일	10일	20일	30일
칠일	팔일	구일	십일	이십일	삼십일

요일

일요일	월요일	화요일	수요일	목요일	금요일	토요일
星期天 Sunday	星期一 Monday	星期二 Tuesday	星期三 Wednesday	星期四 Thursday	星期五 Friday	星期六 Saturday

※ 다음 〈보기〉와 같이 바꾸어 쓰세요.

〈보기〉 1월 1일 ⇨ 일월 일일

(1) 2월 10일 ⇨ ______________ (2) 3월 27일 ⇨ ______________

(3) 6월 6일 ⇨ ______________ (4) 10월 9일 ⇨ ______________

어 휘

● 동사

공부(를) 하다

운동(을) 하다

식사(를) 하다

청소(를) 하다

말(을) 하다

만나다

마시다

세수(를) 하다

전화(를) 하다

영화(를) 보다

던지다

머리(를) 감다

● 반대말

学 / to learn 배우다	⟺	가르치다 教 / to teach
关 / to close 닫다	⟺	열다 开 / to open
买 / to buy 사다	⟺	팔다 卖 / to sell
开始 / to start 시작하다	⟺	끝나다 结束 / to finish
死 / to die 죽다	⟺	살다 活 / to live
扔 / to throw 던지다	⟺	받다 接 / to receive
问 / to ask 묻다	⟺	답하다 答 / to answer
相遇 / to meet 만나다	⟺	헤어지다 分离 / to part from
给 / to give 주다	⟺	받다 接收 / to take

문법

▶ 을/를

주로 명사에 붙어 동작이 미친 직접적 대상을 나타내는 말. 받침 없는 명사 뒤에는 '을', 받침 있는 명사 뒤에는 '를'을 쓴다.

一般接在名词之后，表示动作所涉及的直接对象。有韵尾的名词后用"을"，没有韵尾的名词后用"를"。

Mainly added after a noun, it shows that the noun is the direct object of the verb. '를' is used with nouns ending with a vowel, while '을' is used with nouns ending with a consonant.

- 그는 책을 읽습니다.
- 그녀는 노래를 부릅니다.

※ 다음 〈보기〉와 같이 쓰세요.

〈보기〉 빵, 먹다 ⇨ 빵을 먹습니다.

(1) 친구, 만나다 ⇨ ______________________

(2) 커피, 마시다 ⇨ ______________________

(3) 음악, 듣다 ⇨ ______________________

(4) 과일, 사다 ⇨ ______________________

문법

▶ -(으)시-

동사, 형용사, '이(다)'에 붙어 어떤 동작이나 상태의 주체가 말하는 사람에게 사회적인 상위자로 인식될 때 그와 관련된 동작이나 상태 기술에 결합하여 그것이 상위자와 관련됨을 나타내는 말.

接在动词词干，形容词词干和"이(다)"之后，当话者认为某个动作或状态的主体比自己社会地位高时，结合与之相关的动作或状态的叙述来表示该其地位高。

When the subject of a verb is perceived to be older than the speaker, it is combined with verbs and adjectives. This indicates that the sentence is related to the speaker's elders.

- 아버지는 공무원이십니다.
- 할아버지는 농사를 지으십니다.
- 어머니는 가정주부이십니다.
- 할머니는 시골에 사십니다.

※ 다음 〈보기〉와 같이 쓰세요.

〈보기〉 아버지는 책을 읽다 ⇨ 아버지는 책을 읽으십니다.

(1) 어머니는 음식을 만들다 ⇨ ____________________

(2) 할아버지는 공원에 가다 ⇨ ____________________

(3) 선생님은 한국어를 가르치다 ⇨ ____________________

(4) 할머니는 잘 듣지 못하다 ⇨ ____________________

문법

▶ -(으)ㅂ시다

동사에 붙어 어떤 동작을 함께 하자는 뜻을 나타내는 말.

接在动词词干之后，表示提议与他人一起做某个动作。

Combined with a verb, it expresses a suggestion to do something together.

- 같이 공부합시다.
- 오전에 밥을 먹읍시다.

※ 다음 〈보기〉와 같이 쓰세요.

〈보기〉 일을 하다 ⇨ 일을 합시다.

(1) 여기에 앉다 ⇨ ______________________

(2) 책을 읽다 ⇨ ______________________

(3) 여행을 가다 ⇨ ______________________

(4) 한국어를 배우다 ⇨ ______________________

문 법

▶ -(으)십시오

동사에 붙어 정중한 명령이나 권유를 나타내는 말.

接在动词词干之后，表示郑重的命令或劝导。

Combined with a verb, it expresses a polite command or request to do something.

• 어서 오십시오.

• 책을 읽으십시오.

※ 다음 〈보기〉와 같이 쓰세요.

〈보기〉 여기를 보다 ⇨ 여기를 보십시오.

(1) 내일 전화하다 ⇨ ______________________

(2) 일찍 일어나다 ⇨ ______________________

(3) 손을 씻다 ⇨ ______________________

(4) 문을 닫다 ⇨ ______________________

말하기 · 듣기

MP3 File 43

※ 다음 내용을 듣고 물음에 대답하세요.

(1) 영민은 오후에 무엇을 합니까?

(2) 두 사람은 토요일에 어디에 갑니까?

(3) 두 사람은 몇 시에 만납니까?

TIP

• 극장 剧场 / theater • 시장 市场 / market • 이번 这次 / this time

읽기 · 쓰기

※ 다음 글을 읽고 물음에 알맞은 대답을 쓰세요.

이시다 : 오늘은 몇 월 며칠입니까?
지애 : 오늘 시월 칠일입니다.
이시다 : 한글날입니까?
지애 : 아니요, 한글날은 시월 구일입니다.
이시다 : 한글날도 수업을 합니까?
지애 : 예, 수업을 합니다.

(1) 오늘은 몇 월 며칠입니까?

⇨ ______________________

(2) 한글날은 몇 월 며칠입니까?

⇨ ______________________

(3) 한글날에 수업을 합니까?

⇨ ______________________

TIP

• 한글날 韩文纪念日 / Hangul Proclamation Day • 수업 授课 / class

제6과 사과는 네 개에 삼천 원이에요

MP3 File 44, 45

왕신　사과는 얼마예요?

주인　사과는 네 개에 삼천 원이에요.

왕신　오이도 팔아요?

주인　예, 오이도 팔아요. 오이는 세 개에 이천 원이에요.

TIP

• 얼마 多少, 若干 / how much　• 오이 黄瓜 / cucumber　• 팔다 卖 / to sell

MP3 File 46, 47

리칭　이 연필은 얼마예요?

주인　그 연필은 두 자루에 이천 원이에요.

리칭　이 공책은 얼마예요?

주인　그 공책은 한 권에 팔백 원이에요.

TIP

• 자루 把 / Nouns for Units to quantify pencils, etc　• 권卷 本 / a[one] (book)

MP3 File 48, 49

왕신　여기, 라면이 있어요?

주인　예, 라면이 있습니다.

왕신　라면은 한 봉지에 얼마예요?

주인　라면은 한 봉지에 팔백 원입니다.

TIP

• 라면 方便面 / ramen　• 봉지 袋儿 / (a) bag (of)

어 휘

수 관형사

고유어 수사	하나	둘	셋	넷	···	스물	···
수 관형사	한	두	세	네	···	스무	···

단위 명사

라면 한 봉지

콜라 두 병

커피 세 잔

사과 네 개

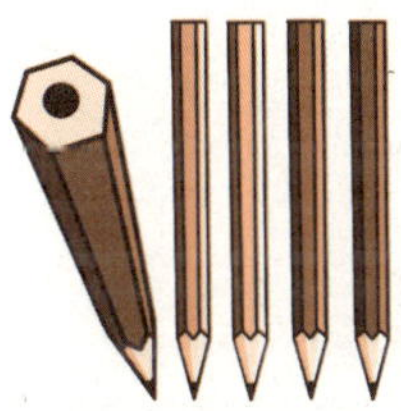
연필 다섯 자루

책 여섯 권

고등어 일곱 마리

컴퓨터 열 대

장미 스무 송이

어 휘

● 식품과 생활용품

식품 食品 / food	
채소 蔬菜 / vegetable	오이, 당근, 시금치… 黄瓜/cucumber, 胡萝卜/carrot, 菠菜/spinach
과일 水果 / fruit	사과, 딸기, 포도… 苹果/apple, 草莓/strawberry, 葡萄/grape
가공식품 加工食品 / processed food	라면, 커피, 통조림… 方便面/ramen, 咖啡/coffee, 罐头/can
육류 肉类 / meat	돼지고기, 쇠고기… 猪肉/pork, 牛肉/beef
어패류 鱼贝类 / seafood	고등어, 갈치, 조개… 青花鱼/mackerel, 带鱼/hairtail, 贝/clam

생활용품 生活用品 / household items	
주방용품 厨房用品 kitchen products	그릇, 냄비, 프라이팬… 碗/bowl, 平锅/pot, 煎锅/frying pan
목욕용품 洗澡用品 bath goods	비누, 샴푸, 린스… 肥皂/soap, 洗发液/shampoo, 护发素/conditioner
청소용품 卫生工具 cleaning product	빗자루, 휴지통… 扫帚/broom, 垃圾桶/wastebasket
일회용품 一次性物品 disposable products	종이컵, 나무젓가락… 纸杯/paper cup, 木筷/wooden chopsticks

● 얼마예요?

• 동전

십 원

오십 원

백 원

오백 원

• 지폐

천 원

오천 원

만 원

오만 원

(1) 

_______ 원

(2) 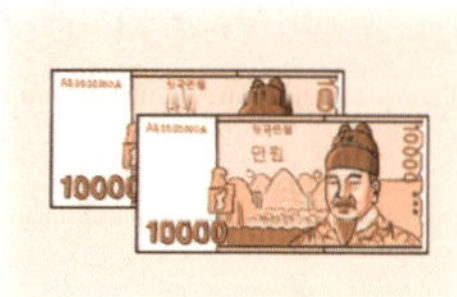

_______ 원

(3) 

_______ 원

TIP

• 동전 硬币 / coin • 지폐 纸币 / bill

문 법

▶ 에 3

주로 명사에 붙어 앞말이 기준이 됨을 나타내는 말.

一般接在名词之后，表示前面的语句是计算基准。

Mainly added after a noun, it represents that the noun is standard.

• 커피 한 잔에 얼마입니까? • 장미 다섯 송이에 육천 원이에요.

※ 다음 〈보기〉와 같이 쓰세요.

〈보기〉

⇨ 꽃 세 송이에 사천 원이에요.

(1)

⇨ 공책 ______ 오천 원이에요.

(2)

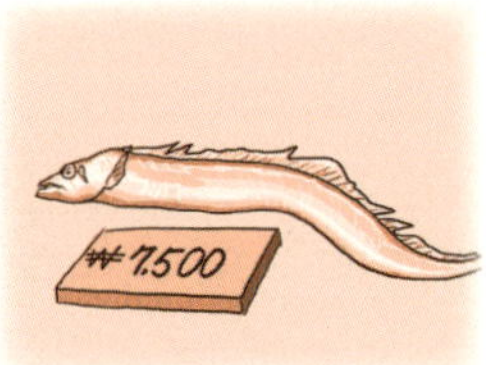

⇨ 갈치 ______________

(3)

⇨ 커피 ______________

문 법

▶ -{어/아/여}요[1]

동사나 형용사에 붙어 격식 없이 서술하거나 묻는 말. 주로 높임말로 쓴다. 명사 뒤에는 '{이에/예}요'를 쓴다.

接在动词词干或形容词词干之后，用以进行平易叙述或询问。主要用作敬语，名词后接 "{이에/예}요" 。

Coming after verbs or adjectives, this sentence ending makes the sentence less formal and can be used for statements or questions. Usually it is used when the speaker is talking to his or her elders. '{이에/예}요' is the form used after a noun.

- 오늘 친구를 만나요.
- 우리 같이 청소해요.
- 아버지는 의사예요.
- 아이가 왜 웃어요?
- 저는 학생이에요.

2. 다음 〈보기〉와 같이 쓰세요.

〈보기〉 집에 화분이 많습니다.
⇨ 집에 화분이 많아요.

(1) 생일이 언제입니까?

⇨ ______________________

(2) 내일 학교에 갑니다.

⇨ ______________________

(3) 지금 누가 노래를 합니까?

⇨ ______________________

(4) 수업이 세 시에 마칩니다.

⇨ ______________________

듣기 · 말하기

MP3 File 50

※ 다음 내용을 듣고 물음에 대답하세요.

(1) 이곳은 어디입니까?

(   )   (   )   (   )

(2) 손님은 무엇을 삽니까?

(3) 공책 값은 모두 얼마입니까?

읽기 · 쓰기

※ 다음 글을 읽고 물음에 알맞은 대답을 쓰세요.

가게에 과일이 많아요.
사과는 한 개에 천삼백 원이에요. 감은 네 개에 이천 원이에요.
귤은 스무 개에 삼천오백 원이에요.
리칭 씨는 사과를 다섯 개 사요. 귤도 사요. 브라운 씨는 감을 네 개 사요.

(1) 과일 가게에 무엇이 없습니까?

( ) ( ) ( )

(2) 리칭 씨는 사과를 몇 개 삽니까?

⇨ ________________

(3) 귤은 한 개 얼마입니까?

⇨ ________________

(4) 브라운 씨는 무엇을 삽니까?

⇨ ________________

TIP

• 가게 小店 / store • 많다 多 / many

제7과 저는 비빔밥을 먹고 싶어요

MP3 File 51, 52

주인 어서 오십시오.

손님 (자리에 앉는다)

주인 무엇을 드릴까요?

손님 이 음식점은 무엇이 맛있습니까?

주인 다 맛있습니다. 특히 비빔밥이 맛있습니다. 한번 먹어 보십시오.

손님 그럼, 비빔밥을 주십시오.

TIP

• 다 都, 全 / all • 특히 特别 / especially • 비빔밥 拌饭 / bibimbap • 드리다 呈递, 奉上 / to serve

MP3 File 53, 54

리칭 왕신 씨는 무엇을 먹고 싶어요?

왕신 저는 라면을 먹고 싶어요. 리칭 씨는 무엇을 먹고 싶어요?

리칭 저는 떡볶이를 먹고 싶어요.

왕신 떡볶이 맛은 어때요?

리칭 떡볶이는 달고 매워요. 왕신 씨도 먹어 보세요.

왕신 그럼, 떡볶이와 라면을 시킵시다.

TIP

- 떡볶이 炒年糕 / tteokbokki • 맛 味道 / taste • 달다 甜 / to sweet • 맵다 辣 / to be hot
- 시키다 使 / to order

MP3 File 55, 56

지애 브라운 씨, 점심때 무엇을 먹을까요?

브라운 저는 냉면을 먹고 싶습니다. 지애 씨도 냉면을 좋아합니까?

지애 냉면도 좋아하지만, 냉면보다 불고기를 더 좋아합니다.

브라운 그럼, 저 음식점에 갑시다.

저 음식점은 냉면과 불고기 둘 다 팔고 맛도 좋습니다.

TIP

• 냉면 冷面 / naengmyeon • 불고기 烤肉 / bulgogi

어 휘

음식

• 한식

된장찌개

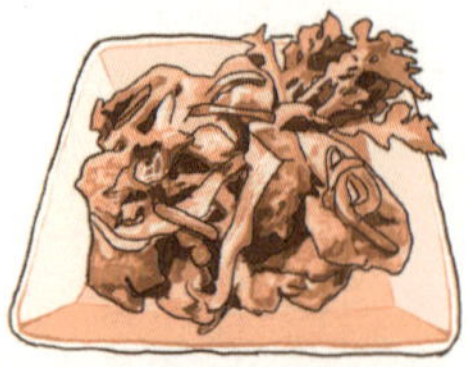
불고기

비빔밥

• 중식

자장면

탕수육

짬뽕

• 일식

초밥

우동

회

• 양식

스테이크

샐러드

빵

높임말 동사

- 주다 ⇨ 드리다
- 자다 ⇨ 주무시다
- 먹다 ⇨ 잡수시다
- 묻다 ⇨ 여쭙다
- 있다 ⇨ 계시다
- 만나다 ⇨ 뵙다

문법

▶ -(으)ㄹ까요 [1]

동사에 붙어 현재 정해지지 않은 의견을 제안하며 묻는 말.

接在动词词干之后，对尚未决定的事情提出建议。

Combined with a verb, it is used to ask for a suggestion or opinion on a matter that has not been determined.

- 문을 닫을까요?
- 같이 영화를 볼까요?

1. 다음 〈보기〉와 같이 쓰세요.

〈보기〉 이곳에 (앉다) → 이곳에 앉을까요?
⇨ 아니요, 저기에 앉으십시오.

(1) 생선을 (사다) → ____________________

⇨ 아니요, 소고기를 ____________________

(2) 커피를 (드리다) → ____________________

⇨ 아니요, 홍차를 ____________________

2. 다음 〈보기〉와 같이 쓰세요.

〈보기〉 한국영화를 (보다) → 한국영화를 볼까요?
⇨ 예, 한국영화를 봅시다.

(1) 주말에 (만나다) → ____________________

⇨ 예, 주말에 ____________________

(2) 점심을 같이 (먹다) → ____________________

⇨ 예, 점심을 같이 ____________________

문 법

▶ -{어/아/여} 보(다)

동사에 붙어 어떤 행동을 시험 삼아 함을 나타내는 말.

接在动词词干之后，表示尝试实施某种行动。

Combined with a verb, it means that someone is 'trying something new'.

- 아침 일찍 일어나 보십시오.
- 김치를 먹어 봐요.
- 다 같이 운동해 봅시다.

※ 다음 〈보기〉와 같이 쓰세요.

〈보기〉 이 음식은 맛이 어때요?

⇨ 맛있어요. 먹어 보십시오.

(1) 어디가 좋아요?

⇨ 지리산이 좋아요. 한번 (가다) ______________________

(2) 이 구두는 어때요?

⇨ 편해요. 구두를 (신다) ______________________

(3) 선생님께 언제 전화할까요?

⇨ 오전이 좋아요. 오전에 (전화하다) ______________________

문 법

▶ -고 싶(다)

동사에 붙어 앞말이 뜻하는 행동을 하고자 하는 마음이나 욕구를 갖고 있음을 나타내는 말.

接在动词词干之后，表示有实施前面语句所指行为的想法或要求。

Combined with a verb, it means that someone wants to do something.

• 고향에 가고 싶어요. • 비빔밥을 먹고 싶어요.

※ 다음 〈보기〉와 같이 쓰세요.

〈보기〉 여행을 하다
⇨ 여행을 하고 싶어요.

(1) 집에서 쉬다

⇨ ______________________

(2) 옷을 사다

⇨ ______________________

(3) 음악을 듣다

⇨ ______________________

문법

▶ 와/과

주로 명사에 붙어 둘 이상의 사물을 같은 자격으로 이어 주는 말. 받침 있는 말 뒤에는 '과'를 쓰고, 받침 없는 말 뒤에는 '와'를 쓴다.

主要接在名词之后，连接两个或两个以上并列的事物。有韵尾的名词后用“과”，没有韵尾的名词后用“와”。

Mainly added after nouns, it is used to link two or more similar things. '과' follows nouns ending with a consonant, '와' follows nouns ending with a vowel.

- 우유와 빵
- 꽃과 나무

※ 다음 〈보기〉와 같이 쓰세요.

〈보기〉 산 [과] 바다

(1) 의자 [ ] 책상

(2) 책 [ ] 공책

(3) 해 [ ] 달

(4) 옷 [ ] 신발

문법

▶ -고 [1]

동사, 형용사, '이(다)'에 붙어 두 가지 이상의 사실을 대등하게 벌여 놓는 말.
接在动词词干，形容词词干和"이(다)"之后，列举两种以上的事实。
Combined with a verb or adjective, it is used to link two or more statements.

- 그는 학생이고 그녀는 선생님이다.
- 노래방에서 노래도 부르고 춤도 춥니다.
- 이 방은 크고 깨끗합니다.

※ 다음 〈보기〉와 같이 쓰세요.

〈보기〉 언니는 키가 크다 / 동생은 키가 작다
⇨ 언니는 키가 크고 동생은 키가 작습니다.

(1) 아버지는 신문을 보시다 / 아들은 책을 읽다

⇨ ______________________________

(2) 여름은 날씨가 덥다 / 비가 많이 오다

⇨ ______________________________

(3) 1층은 식당이다 / 2층은 서점이다

⇨ ______________________________

문 법

▶ 보다

주로 명사에 붙어 앞말이 비교의 기준점임을 나타내는 말.

一般接在名词之后，表示前面语句是比较的基点。

Mainly used after a noun when stating a number, quantity, or value, it indicates that the noun is above or below another number, quantity or value.

- 형보다 동생이 큽니다.
- 채소보다 고기를 좋아합니다.

※ 다음 〈보기〉와 같이 쓰세요.

〈보기〉 필기시험, 실기시험, 어렵다

⇨ 필기시험보다 실기시험이 어렵습니다.

(1) 시울, 진주, 따뜻하다

⇨ ______________________

(2) 자전거, 자동차, 빠르다

⇨ ______________________

(3) ________, ________, ________

⇨ ______________________

듣기 · 말하기

MP3 File 57

※ 다음 내용을 듣고 물음에 대답하세요.

1. 들은 내용이 맞으면 ○, 틀리면 × 하세요.

(1) 아유미는 한국 음식을 싫어한다. (   )

(2) 이시다는 닭갈비와 비빔밥을 좋아한다. (   )

(3) 이시다는 오늘 비빔밥을 먹는다. (   )

TIP

• 닭갈비 辣炒鸡排 / chicken-fried ribs • 아주 非常 / very

읽기 · 쓰기

※ 다음 글을 읽고 물음에 알맞은 대답을 쓰세요.

리칭 : 초밥을 먹을까요?

왕신 : 저는 초밥보다 탕수육을 좋아합니다. 중국 음식점에 갑시다.

리칭 : 예, 좋아요.

………………………………………………

왕신 : 무엇을 주문할까요?

리칭 : 탕수육과 자장면을 주문합시다.

왕신 : 군만두도 주문할까요?

리칭 : 이 음식점은 군만두보다 물만두가 맛있어요.
물만두를 주문합시다.

(1) 왕신은 초밥을 좋아합니까?

⇨ ____________________

(2) 두 사람은 어디에 갑니까?

⇨ ____________________

(3) 두 사람은 무엇을 주문합니까?

⇨ ____________________

(4) 이 음식점은 군만두보다 무엇이 더 맛있습니까?

⇨ ____________________

TIP

• 군만두 煎饺 / fried dumpling • 물만두 水饺 / water-boiled stuffed dumpling

제8과 지애 씨하고 미용실에 갔어요

MP3 File 58, 59

리칭　토요일에 영업합니까?

주인　예, 토요일은 오전 10시부터 오후 3시까지 영업합니다.

리칭　일요일에도 영업합니까?

주인　아니요, 일요일에는 안 합니다.

TIP

• 영업하다 营业 / (the shop) is open

MP3 File 60, 61

아유미 리칭 씨, 머리 모양이 예뻐요. 파마했어요?

리칭 예, 지애 씨하고 미용실에 갔어요.

아유미 리칭 씨가 파마할 때 지애 씨는 무엇을 했어요?

리칭 제가 파마할 때 지애 씨는 염색을 했어요.

TIP

• 모양 样子 / shape • 예쁘다 漂亮 / to be pretty • 파마하다 烫发 / to perm • 미용실 发廊 / beauty shop
• 염색하다 染色 / to dye

MP3 File 62, 63

리칭　한중사전하고 한국어 회화 책이 있습니까?

주인　한중사전은 있으나 한국어 회화 책은 없습니다.

리칭　그럼, 한중사전만 주십시오.

주인　여기 있습니다.

TIP

• 회화 会话 / conversation　한중사전 韩中词典 / Korean–Chinese dictionary

MP3 File 64, 65

왕신　리칭 씨, 어제 무슨 책을 샀어요?

리칭　한중사전을 샀어요. 왕신 씨도 샀어요?

왕신　아니요, 저는 안 샀어요. 전자사전이 있어요.
새 어휘를 공부할 때 전자사전을 봐요.

리칭　한국어 회화 책은 샀어요?

왕신　아니요, 한국어 회화 책도 안 샀어요.

TIP

• 전자사전 电子词典 / electronic dictionary

어 휘

● 미용실에서 무엇을 합니까?

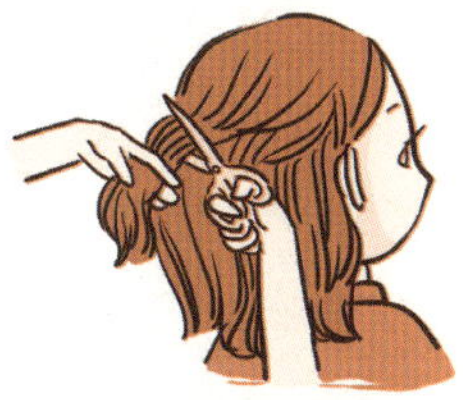

머리를 자르다
剪发 / to get a haircut

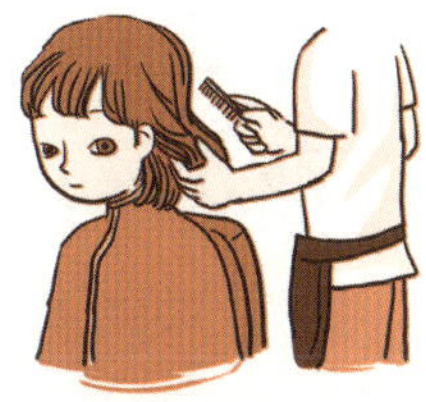

머리를 다듬다
修剪头发 / trim one's hair

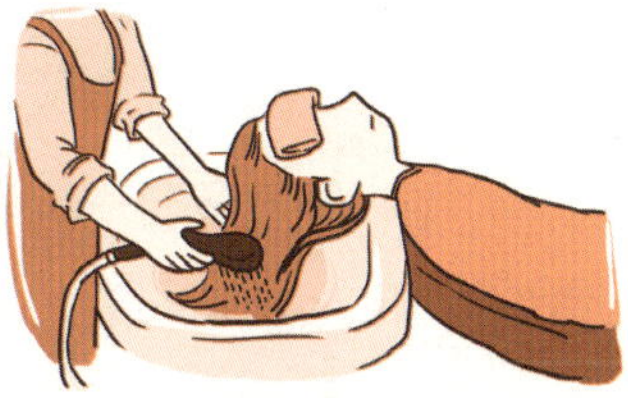

머리를 감다
洗发 / wash one's hair

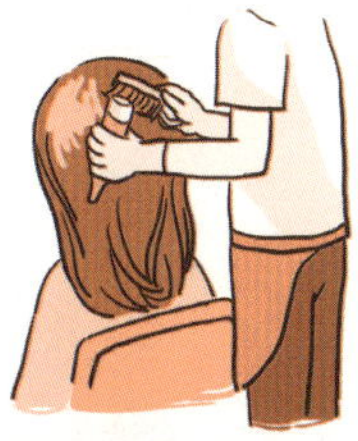

염색하다
染色 / to dye

드라이하다
吹风 / to blow-dry

파마하다
烫发 / to perm

메이크업을 하다
化妆 / to make-up

면도를 하다
刮脸 / to shave

어 휘

서점에서 무엇을 합니까?

책을 보다
看书 / to read a book

책을 고르다
挑选书 / to choose a book

책을 주문하다
订书 / to order a book

서점에서 무엇을 봅니까?

소설
小说 / novel

학습서
学习用书 / study materials

잡지
杂志 / magazine

사전
词典 / dictionary

책표지

책 제목 书名 / title a book

지은이 作者 / author

출판사 出版社 / publisher

문 법

▶ 부터[1], 까지[1]

부터[1] 어떤 일이나 상태에 관련된 범위의 시작임을 나타내는 말.
까지[1] 어떤 일이나 상태에 관련된 범위의 끝임을 나타내는 말.

부터[1]表示某件事情或某种状态所涉及范围的起始点。까지[1] 表示某件事情或某种状态所涉及范围的终点。

부터[1] denotes the beginning of some motion or condition of something. 까지[1] shows the end of the motion or condition.

- 6쪽부터 7쪽까지 읽으십시오.
- 하나부터 열까지 셉니다.

※ 다음 〈보기〉와 같이 쓰세요.

〈보기〉 여름방학은 언제부터 언제까지입니까? (6월, 8월)
⇨ 여름방학은 6월부터 8월까시입니다.

(1) 회의 시간은 몇 시부터 몇 시까지입니까? (3시, 4시)

⇨ ______________________________

(2) 시험범위는 어디부터 어디까지입니까? (1과, 7과)

⇨ ______________________________

(3) 읽기 수업은 월요일만 합니까? (월요일, 목요일)

⇨ 아니요, ______________________________

(4) 이 책 재미있었어요? (처음, 끝)

⇨ 예, ______________________________

문법

▶ 하고

주로 명사에 붙어 둘 이상의 사물을 같은 자격으로 이어 주는 말. 주로 구어체에서 사용한다.

一般接在名词之后，连接两个或两个以上并列事物，主要用于口语体。

Usually added after a noun, it links two or more similar things. It is mainly used in informal situations.

- 저는 비빔밥하고 김밥을 좋아합니다.
- 생일에 꽃하고 케이크를 받았습니다.

※ 다음 〈보기〉와 같이 쓰세요.

〈보기〉 선생님은 무엇을 가르치십니까? (한국어, 영어)

⇨ 저는 한국어하고 영어를 가르칩니다.

(1) 무엇이 필요합니까? (신분증, 도장)

⇨ ______________________________

(2) 문구점에서 무엇을 삽니까? (지우개, 연필)

⇨ ______________________________

(3) 아침에 무엇을 먹었습니까? (　　　　,　　　　)

⇨ ______________________________

(4) 신입생은 무엇을 준비합니까? (　　　　,　　　　)

⇨ ______________________________

TIP

• 신분증 身份证 / identity card　• 도장 印章 / stamp　• 신입생 新生 / freshman

문법

▶ 안

동사, 형용사 앞에 쓰여 부정이나 반대의 뜻을 나타내는 말.

用于动词，形容词之前，表示否定或反对。

Usually used in front of a verb or adjective, it makes their meaning negative, or expresses disagreement.

- 일요일은 학교에 안 갑니다.
- 저는 커피를 안 마셔요.

※ 다음 〈보기〉와 같이 쓰세요.

〈보기〉 집에 갑니까? (식당)

⇨ 아니요, 집에 안 갑니다. 식당에 갑니다.

(1) 리칭 씨는 아침에 밥을 먹습니까? (빵)

⇨ 아니요, ______________________________

(2) 왕신 씨는 오전에 청소했습니까? (오후)

⇨ 아니요, ______________________________

(3) 이번 주에 고향에 갑니까? (　　　　)

⇨ 아니요, ______________________________

(4) ______________________________? (　　　　)

⇨ 아니요, ______________________________

문법

▶ 만

주로 명사에 붙어 다른 것은 전부 배제하고 어느 것을 한정함을 나타내는 말.

一般接在名词之后，表示其他的全部排除，只限于某一人或某一事物。

Usually added after a noun, it indicates that only the specific thing is meant, not other things.

- 그는 오전에 공부만 합니다.
- 치마는 여자들만 입어요.

※ 다음 〈보기〉와 같이 쓰세요.

〈보기〉 일요일에 무엇을 합니까? (잠)

⇨ 일요일에 잠만 잡니다.

(1) 어느 나라를 여행했어요? (중국)

⇨ ______________________

(2) 이 반에 여학생이 있어요? (남학생)

⇨ 아니요, ______________________

(3) 이 영화는 청소년도 봅니까? (성인)

⇨ ______________________

(4) 그는 무엇을 합니까? (   )

⇨ ______________________

문 법

▶ -(으)나

동사, 형용사에 붙어 앞문장의 내용과 뒤 문장의 내용이 서로 다름을 나타내는 말.
接在动词和形容词之后，表示前后句子的内容不同。
Combined with a verb or adjective, it means that the following sentence contrasts with the prior sentence.

- 동생은 키가 작으나 나는 키가 큽니다.
- 눈은 많이 오나 비는 많이 안 옵니다.

※ 다음 〈보기〉와 같이 쓰세요.

〈보기〉 이 옷은 모양이 예쁘다 / 값이 비싸다
⇨ 이 옷은 모양이 예쁘나 값이 비쌉니다.

(1) 김치는 맛있다 / 맵다

⇨ ______________________________

(2) 리칭 씨는 책을 읽었다 / 지애 씨는 책을 안 읽었다

⇨ ______________________________

(3) 약도가 있었다 / 길을 잃었다

⇨ ______________________________

(4) 한글은 쉽다 / 한국어는 어렵다

⇨ ______________________________

문 법

▶ –{었/았/였}–

동사, 형용사, '이(다)'나 '(으)시' 뒤에 붙어 이야기하는 시점에서 볼 때 사건이나 행위가 이미 일어났음을 나타내는 말.

接在动词词干，形容词词干，"이(다)"或"(으)시"之后，表示以在前面所提示的时间为基准时，某个事件或某种行为已经发生。

Combined after a verb, adjective, '이(다)', or '(으)시', it shows that an event or action has already happened.

- 어제 김밥을 먹었습니다.
- 지난주에 옷을 샀습니다.
- 오전에 청소를 했습니다(하였습니다).

※ 달력을 보고 물음에 대답하세요.

일	월	화	수	목	금	토
		1 시장에 가다	2	3 수영을 하다	4	5 친구를 만나다
6	7	8	9 영화를 보다	10 ★ 오늘	11	12

(1) 어제 무엇을 했어요?

⇨ 영화를 봤어요.

(2) 지난주 화요일에 무엇을 했어요?

⇨ __________

(3) 지난 주말에 무엇을 했어요?

⇨ __________

(4) 언제 수영을 했어요?

⇨ __________

문 법

▶ -(으)ㄹ 때

동사, 형용사, '이(다)' 뒤에 붙어 어떤 행위나 상황이 계속되는 동안이나 시간을 나타내는 말.

接在动词词干，形容词词干，"이(다)"之后，表示某种行为或状况持续的期间或时间。

Combined after a verb, adjective, or '이(다)', it indicates a period of time when something happens.

- 청소할 때 음악을 듣습니다.
- 배고플 때 우유를 마십니다.
- 그는 대학생일 때 결혼했습니다.

※ 다음 〈보기〉와 같이 쓰세요.

〈보기〉 언제 부모님이 보고 싶습니까?
⇨ (아프다) 아플 때 보고 싶습니다.

(1) 언제 노래를 부르고 싶습니까?
⇨ (기쁘다) ______

(2) 언제 여행을 갑니까?
⇨ (시간이 있다) ______

(3) 언제 고향 생각이 납니까?
⇨ (   ) ______

(4) 심심할 때 무엇을 합니까?
⇨ (   ) ______

듣기 · 말하기

MP3 File 66

※ 다음 내용을 듣고 물음에 대답하세요.

(1) 이시다 씨하고 아유미 씨는 어제 어디에 갔습니까?

(2) 이시다 씨는 서점에서 무엇을 샀습니까?

(3) 한국어 회화 책은 비쌉니까?

(4) 5층에는 무엇이 있습니까?

(5) 아유미 씨는 미용실에서 무엇을 했습니까?

TIP

• 백화점 百货商店 / department store • 버스 公共汽车 / bus
• 한일사전 韩日词典 / Korean–Japanese dictionary • 싸다 便宜 / to be cheap
• 비싸다 贵 / to be expensive • 시간이 걸리다 花费时间 / to take time 오래 好久 / long

읽기 · 쓰기

※ 다음 글을 읽고 물음에 알맞은 대답을 쓰세요.

지난주 목요일부터 일요일까지 추석연휴였습니다. 브라운 씨는 영민 씨의 집에 초대를 받았습니다. 추석날 아침에 음식을 차리고 차례를 지냈습니다. 영민 씨하고 영민 씨 가족은 절을 했으나 브라운 씨는 절을 안 했습니다. 브라운 씨는 송편도 먹었습니다. 송편을 먹을 때 브라운 씨는 고향 생각을 했습니다.

(1) 추석연휴는 언제였습니까?

⇨ ______________________________

(2) 브라운 씨는 어디에 갔습니까?

⇨ ______________________________

(3) 브라운 씨는 절을 했습니까?

⇨ ______________________________

(4) 브라운 씨는 언제 고향 생각을 했습니까?

⇨ ______________________________

TIP

- 추석 中秋节 / Chuseok
- 연휴 连休 / strait holidays
- 초대를 받다 受邀 / to be invited
- 차리다 准备, 置办 / to set (the table)
- 차례 次序 / ancestral rites
- 지내다 经过, 过日子 / to perform
- 송편 松糕 / songpyeon
- 절 节 / (take) a deep bow
- 고향 故乡, 家乡 / hometown
- 생각 想法, 思念 / thinking

제9과 오늘 무엇을 하지요?

MP3 File 67, 68

리칭　쓰기 숙제를 했지요?

지애　예, 쓰기 숙제를 했어요.

리칭　신문을 다 읽었지요?

지애　아니요, 신문을 다 읽지 않았어요.

TIP

• 쓰기 写 / writing　• 신문 报纸 / newspaper

MP3 File 69, 70

브라운 아유미 씨, 오늘 무엇을 하지요?

아유미 한국어 수업을 하고 친구를 만나요.

브라운 내일은 무엇을 하지요?

아유미 내일은 이시다 씨와 놀이공원에 가요.

브라운 참 재미있겠어요.

TIP

• 놀이공원 游乐园 / an amusement park • 참 真 / very • 재미있다 有意思 / to be funny

2011 년 5 월 13 일 목 요일

나는 오늘 아침 8시에 일어났습니다.

아침밥을 먹고 난 후에 중국의 어머니께 전화를 했습니다.

오늘은 어머니의 생신입니다.

어머니께 전화를 하고 학교에 갔습니다.

버스를 타기 전에 버스정류장에서 리칭을 만났습니다.

우리는 같이 학교에 갔습니다.

학교에서 1시까지 한국어 수업을 했습니다.

수업을 마친 후에 점심을 먹었습니다.

김치볶음밥을 먹었습니다. 참 맛있었습니다.

TIP

• 께 '에게' 的敬体 / to(honorific) • 생신 生辰 / birthday(honorific) • 버스정류장 汽车站 / bus stop
• 김치볶음밥 泡菜炒饭 / kimchi fried rice

어 휘

● 하루 일과 동사

일어나다

이를 닦다 – 양치하다

세수하다

아침 식사 하다 – 아침먹다

학교 가다 – 등교하다

수업하다

공부하다

점심 식사 하다 – 점심먹다

(수업을) 마치다

저녁 식사 하다 – 저녁먹다

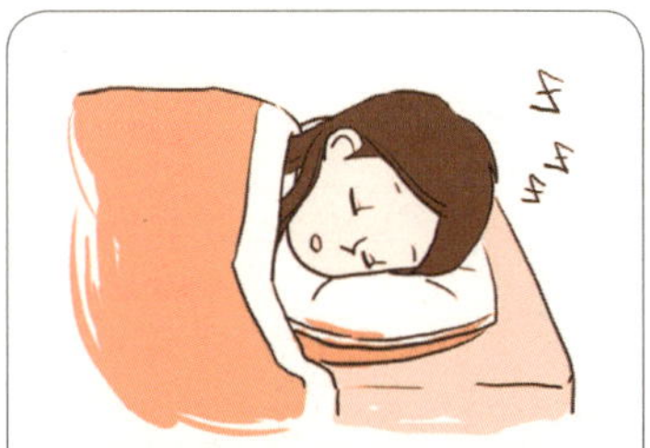
잠자다

어 휘

날과 관계되는 말

1. 날

그제 – 어제 – 오늘 – 내일 – 모레 – 글피

2. 날을 헤아리는 말

1일	2일	3일	4일	5일	6일	7일	8일	9일	10일
하루	이틀	사흘	나흘	닷새	엿새	이레	여드레	아흐레	열흘

3. 시간을 헤아리는 말

1시간	2시간	3시간	4시간	5시간	6시간	7시간	8시간	9시간	10시간
한 시간	두 시간	세 시간	네 시간	다섯 시간	여섯 시간	일곱 시간	여덟 시간	아홉 시간	열 시간

11시간	12시간	13시간	20시간	30시간	40시간	50시간	60시간	80시간	100시간
열한 시간	열두 시간	열세 시간	스무 시간	서른 시간	마흔 시간	오십 시간	육십 시간	팔십 시간	백 시간

높임말 명사

- 생일 ⇨ 생신
- 말 ⇨ 말씀
- 밥 ⇨ 진지
- 나이 ⇨ 연세
- 이름 ⇨ 성함
- 집 ⇨ 댁
- 술 ⇨ 약주

문 법

▶ –겠[1]–

동사, 형용사, '이(다)'나 '–(으)시–', '–었–'에 붙어 미래의 일이나 추측을 나타내는 말.

接在动词词干，形容词词干，“이(다)”，“(으)시”，“–었–”之后，表示将要发生的事情或推测。

Added after a verb, adjective, '이(다)', '–(으)시–', or '–었–', it shows that something is going to happen in the future.

- 내일은 비가 오겠어요.
- 영화가 참 재미있겠습니다.

※ 다음 〈보기〉와 같이 쓰세요.

〈보기〉 배가 고프다
⇨ 배가 고프겠습니다.

(1) 피곤하다

⇨ ____________________

(2) 기분이 좋다

⇨ ____________________

(3) 비가 오다

⇨ ____________________

(4) 김치찌개가 맛있다

⇨ ____________________

문법

▶ -(으)ㄴ/는 후

동사나 형용사에 붙어 상태나 행동의 뒤나 다음을 나타내는 말.

接在动词或形容词词干之后面，表示状态或行动之后。

Added after a verb or adjective, it shows something happens after something else.

▶ -기 전

동사나 형용사에 붙어 상태나 행동의 이전을 나타내는 말.

接在动词或形容词词干后面，表示状态或行动之前。

Added after a verb or adjective, it shows that something happens before something else.

- 식사한 후에 학교에 갑니다.
- 잠을 자기 전에 운동을 합니다.

※ 다음 〈보기〉와 같이 (　　) 안에 알맞게 쓰세요.

〈보기〉 1. 잠자다-잠옷을 입다 ⇨ (잠자기 전에) 잠옷을 입습니다.
2. 강의를 듣다-복습을 하다 ⇨ (강의를 들은 후에) 복습을 합니다.

(1) 밥을 먹다-이를 닦다

⇨ (　　　　　　　　　　) 이를 닦습니다.

(2) 식사를 하다-차를 마시다

⇨ (　　　　　　　　　　) 차를 마십니다.

(3) 과자를 먹다-봉지를 휴지통에 버리다

⇨ (　　　　　　　　　　) 봉지를 휴지통에 버립니다.

(4) 자다-일기를 쓰다

⇨ (　　　　　　　　　　) 일기를 씁니다.

문 법

▶ -지 않다

동사나 형용사에 붙어 앞선 행위나 상태를 부정하는 뜻을 나타내는 말.

接在动词或形容词词干之后，表示否定前面的行为或状态。

Added after a verb or adjective, it makes the meaning negative.

• 리칭은 운동을 합니까?
  아니요, 저는 운동을 하지 않습니다.

※ 다음 〈보기〉와 같이 쓰세요.

〈보기〉 내일 학교에 갑니까?
⇨ 아니요, 내일 학교에 가지 않습니다.

(1) 학교에 친구가 많습니까?
⇨ 아니요, 학교에 친구가 ______________________

(2) 지금 비가 옵니까?
⇨ 아니요, 지금 비가 ______________________

(3) 술을 마십니까?
⇨ 아니요, ______________________

(4) 한국어가 어렵습니까?
⇨ 아니요, ______________________

문 법

▶ –고[2]

동사에 붙어 앞뒤 절의 두 사실 간에 계기적인 관계가 있음을 나타내는 말.

接在动词词干之后，表示句子前后部分两种事实间存在着继起关系（先后发生）。

Added after a verb, it links two statements of an event, indicating that the second clause is the result of the first clause.

• 숙제를 하고 친구를 만납니다.
• 밥을 먹고 커피를 마십니다.

※ 다음 〈보기〉와 같이 쓰세요.

〈보기〉 양치질을 하다 / 세수를 하다
⇨ 양치질을 하고 세수를 합니다.

(1) 영화를 보다 / 밥을 먹다

⇨ ______________________________

(2) 텔레비전을 보다 / 잠을 자다

⇨ ______________________________

(3) 공부를 하다 / 컴퓨터 게임을 하다

⇨ ______________________________

(4) 준비 운동을 하다/ 샤워를 하다

⇨ ______________________________

문 법

▶ –지요

동사, 형용사, '이(다)'에 붙어 듣는 사람이 어떤 사실을 알고 있다고 믿고 물어보거나 말하는 사람이 이미 알고 있는 것을 확인하는 듯 물어볼 때 쓰는 말.

接在动词词干，形容词词干，"이(다)"之后，用于话者在确信听者知道某种事实的情况下进行询问，或者是对已知事情进行确认。

Added after a verb or adjective, it is used to ask someone to confirm something the speaker already assumes is true, or to ask the listener if the speaker is correct in assuming the listener already knows something is true.

- 여름이 덥지요?
- 오늘 날씨가 춥지요?
- 여기가 산정상이지요?

※ 다음 〈보기〉와 같이 쓰세요.

〈보기〉 지금 학교에 가다
⇨ 지금 학교에 가지요?

(1) 오늘 날씨가 맑다
⇨ ______________________

(2) 부모님께 전화하다
⇨ ______________________

(3) 오늘 기분이 좋다
⇨ ______________________

(4) 내일이 생일이다
⇨ ______________________

듣기 · 말하기

MP3 File 71

※ 다음 내용을 듣고 물음에 대답하세요.

(1) 오늘 아침에 몇 시에 일어났습니까?

(2) 왜 늦게 일어났습니까?

(3) 무엇을 타고 학교에 갔습니까?

(4) 아침밥을 먹었습니까?

(5) 학교에 몇 시에 도착했습니까?

TIP

• 텔레비전 电视 / television • 택시 出租汽车 / taxi • 지각 迟到 / lateness

읽기 · 쓰기

※ 다음 글을 읽고 물음에 알맞은 대답을 쓰세요.

리칭은 아침 7시에 일어나서 세수를 하고 아침 식사를 합니다. 식사를 하고 학교에 갑니다. 학교에서 한국어를 공부하고 친구들과 점심 식사를 하러 갑니다. 점심을 먹고 또 수업을 합니다. 수업을 한 후에 집으로 돌아옵니다. 집에서 저녁 7시에 저녁 식사를 하고 TV를 봅니다. 자기 전에 세수를 하고 밤 11시에 잠을 잡니다.

(1) 리칭은 몇 시에 일어납니까?

⇨ ______________________________

(2) 리칭은 학교에서 무엇을 공부합니까?

⇨ ______________________________

(3) 리칭은 저녁에 무엇을 합니까?

⇨ ______________________________

(4) 리칭은 몇 시에 잠을 잡니까?

⇨ ______________________________

제10과 해수욕장에 가서 수영을 해요

MP3 File 72, 73

영민 나타샤 씨는 무슨 계절을 좋아해요?

나타샤 저는 봄을 좋아합니다.

영민 왜 봄이 좋아요?

나타샤 저는 꽃을 아주 좋아합니다. 봄에는 예쁜 꽃이 많이 핍니다.
그래서 봄을 좋아합니다.

영민 봄에 무엇을 하고 싶어요?

나타샤 도시락을 싸서 소풍을 가고 싶습니다.

TIP

• 계절 季, 季节 / season • 피다 开 / to blossom • 봄 春天 / spring • 도시락 盒饭, 饭盒 / lunch box
• 싸다 带(饭食)/ to pack • 소풍 野游, 郊游 / picnic

MP3 File 74, 75

리칭　영민 씨, 요즘 날씨가 너무 더워요.
한국 사람들은 여름에 무엇을 해요?

영민　해수욕장에 가서 수영을 해요.

리칭　수영을 잘해요?

영민　아니요, 수영을 잘 못해요.
수영을 하다가 바닷물을 먹었어요.

TIP

• 날씨 天气 / weather • 덥다 热 / to be hot • 해수욕장 海水浴场 / beach • 수영을 하다 游泳 / to swim
• 바닷물 海水 / seawater

MP3 File 76, 77

아유미 나뭇잎이 빨갛게 물들었어요.

무척 아름다워요.

나타샤 저기 노란색으로 물든 나무는 무슨 나무지요?

아유미 은행나무예요.

나타샤 은행나무도 무척 아름다워요.

아유미 이번 주말에 단풍이 든 지리산에 가 보고 싶어요.

나타샤 저도 가고 싶어요. 우리 같이 갑시다.

TIP

- 빨갛다 红 / to be red
- 물들다 染 / to be dyed
- 아름답다 美丽 / to be beautiful
- 은행나무 银杏树 / Ginkgo
- 단풍 红叶 / the fall foliage
- 무척 非常, 极为 / very

MP3 File 78, 79

아유미 지금 서울의 날씨가 어때요?

지애 오전에 눈이 내리다가 그쳤어요. 지금은 날씨가 맑아요.

아유미 일본에는 지금 눈이 많이 내려요.

지애 그래요? 많이 춥지요?

아유미 예, 많이 추워요.

빨리 따뜻한 한국으로 돌아가고 싶어요.

지애 씨도 보고 싶어요.

지애 예, 아유미 씨, 방학 끝나고 만나요.

어 휘

날씨

맑다

흐리다

비가 오다/내리다

눈이 오다/내리다

개다

바람이 불다

구름이 끼다

안개가 끼다

계절과 관계되는 어휘

봄 春天 / spring		
따뜻하다 暖和 to be warm	개나리	迎春花 / forsythia
	진달래	金达莱 / azalea
	벚꽃	樱花 / cherry blossoms
	새싹	新芽 / sprout

여름 夏天 / summer		
덥다 热 to be hot	수박	西瓜 / watermelon
	포도	葡萄 / grape
	해수욕	海水浴 / playing bathing in the sea
	피서	避暑 / avoiding the heat, the avoidance of the heat
	장마	梅雨 / the rainy season

가을 秋天 / fall		
쌀쌀하다 凉飕飕 to be chilly	단풍	红叶 / fall foliage
	감	柿子 / persimmon
	밤	栗子 / chestnut
	배	梨 / pear
	추수	秋收 / harvest

겨울 冬天 / winter		
춥다 冷 to be cold	귤	橘子 / tangerine
	스키	滑雪 / ski
	눈	雪 / snow
	얼음	冰 / ice
	겨울잠	冬眠 / hibernation

문법

▶ ㅂ 불규칙

'ㅂ'으로 끝나는 동사나 형용사에 '-어/아/으'가 올 경우 'ㅂ'이 '오'나 '우'로 바뀌는 현상.

指以"ㅂ"结尾的动词或形容词词干后接"-어/아/으"时，"ㅂ"变成"오"或"우"的现象。
When a verb or adjective ending with 'ㅂ' is followed by '-어/아/으', 'ㅂ' is changed into '오', or '우'.

• 아름답다 → 옷이 아름다워요.　　• 쉽다 → 한국어가 쉬워요.

1. 다음 빈칸에 알맞은 말을 쓰세요.

	-습니다/ㅂ니다	-어요/아요/어요	-었어요/았어요/였어요
아름답다	아름답습니다		
맵다			매웠어요
쉽다		쉬워요	
어렵다	어렵습니다		
춥다			추웠어요
덥다	덥습니다		
가볍다		가벼워요	
무겁다			무거웠어요
줍다		주워요	
돕다	돕습니다		
눕다			누웠어요
굽다(炙)		구워요	
*굽다(曲)			굽었어요
*잡다		잡아요	

문 법

2. 다음 〈보기〉와 같이 문장을 만드세요.

〈보기〉 어렵다-한국어가 (어려워요).

(1) 아름답다-꽃이 ( ).

(2) 무겁다-돌이 ( ).

(3) 가볍다-가방이 ( ).

(4) 춥다-날씨가 ( ).

(5) 덥다-날씨가 ( ).

문 법

▶ –(으)ㄴ[1]

형용사 뒤에 붙어 뒷말을 꾸미게 하는 말. 받침 있는 말 뒤에는 '은'을 쓰고, 받침 없는 말 뒤에는 'ㄴ'을 쓴다.

接在形容词词干之后，对后面的语句进行修饰。有韵尾的后面加 "은"，没有韵尾的加 "ㄴ"。

Added to the end of an adjective, this in turn modifies the following noun(s). When adjectives end with a consonant, '은' is used. With a vowel, 'ㄴ' is added.

- 예쁜 꽃이 핍니다.
- 높은 하늘에 구름이 떠 있습니다.

※ 다음 〈보기〉와 같이 바꾸어 쓰세요.

〈보기〉 돈 (많다)
⇨ 많은 돈

(1) 얼굴 (예쁘다)
⇨ ____________________

(2) 사람 (행복하다)
⇨ ____________________

(3) 바람 (차갑다)
⇨ ____________________

(4) 물 (맑다)
⇨ ____________________

문 법

▶ -다가

동사 뒤에 붙어 어떤 동작이 중단되고 다른 동작이나 상태로 바뀜을 나타내는 말.
接在动词词干之后，表示某个动作被中断后转换成另外的动作或状态。
Added after a verb, it shows that an action is suspended and becomes another action or condition.

- 비가 오다가 눈이 옵니다.
- 바람이 불다가 비가 왔습니다.

※ 다음 〈보기〉와 같이 쓰세요.

〈보기〉 웃다 / 울다
⇨ 웃다가 울었습니다.

(1) 밥을 먹다 / 전화를 받다

⇨ ______________________

(2) 학교에 가다 / 집에 돌아오다

⇨ ______________________

(3) 영화를 보다 / 잠을 자다

⇨ ______________________

(4) 집에 오다 / 친구를 만나다

⇨ ______________________

문법

▶ -{어/아/여}서 1

동사 뒤에 붙어 시간적 선후 관계를 나타내는 말.

接在动词词干之后，表示时间上的先后关系。

Added after a verb, it represents the order of some events in time.

- 일곱 시에 일어나서 세수를 합니다.
- 돈을 많이 벌어서 여행을 하고 싶습니다.

※ 다음 〈보기〉와 같이 쓰세요.

〈보기〉 꽃을 사다 / 여자 친구에게 주다

⇨ 꽃을 사서 여자 친구에게 주었습니다.

(1) 도서관에 가다 / 공부를 하다

⇨ ______________________________

(2) 한국어를 공부하다 / 한국 회사에 취직하다

⇨ ______________________________

(3) 돈을 모으다 / 차를 사다

⇨ ______________________________

(4) 집에 오다 / 숙제를 하다

⇨ ______________________________

듣기 · 말하기

MP3 File 80

1. 다음 내용을 듣고 맞으면 O, 틀리면 X 하세요.

(1) 내일 날씨는 대체로 흐립니다. (　　)

(2) 영남 지방에는 내일도 비가 내립니다. (　　)

(3) 내일은 안개가 끼는 곳이 많습니다. (　　)

(4) 비는 내일 오전에 모두 그칩니다. (　　)

2. 오늘의 날씨를 말해 봅시다.

TIP

- 전국 全国 / the whole country
- 중부 中部 / the central part
- 북부 北部 / the northern part
- 지방 地方 / area, district
- 비가 그치다 雨停了 / to stop raining
- 영남 岭南 / the southeastern region[section] of Korea

읽기 · 쓰기

※ 다음 글을 읽고 물음에 알맞은 대답을 쓰세요.

봄에는 날씨가 따뜻하고 꽃이 많이 핍니다. 사람들이 산과 들로 소풍을 갑니다. 여름은 날씨가 덥습니다. 장마철에는 비가 많이 내립니다. 가을에는 과일이 익고 단풍이 듭니다.

가을에는 날씨가 쌀쌀해서 감기에 많이 걸립니다. 겨울에는 날씨가 춥고 눈이 많이 옵니다. 사람들은 스키장에 가서 스키를 탑니다.

(1) 여름에는 무엇이 많이 옵니까?

⇨ ______________________________

(2) 가을에는 무엇이 익습니까?

⇨ ______________________________

(3) 봄에는 날씨가 어떻습니까?

⇨ ______________________________

(4) 겨울에는 사람들이 어디에 갑니까?

⇨ ______________________________

TIP

• 들 原野, 田野 / field • 익다 熟, 成熟 / to ripen 스키장 滑雪场 / ski resort

제11과 어디까지 가세요?

MP3 File 81, 82

리칭　진주로 가는 버스는 몇 시에 있습니까?

직원　8시에 있습니다.

리칭　서울에서 진주까지 몇 시간 걸립니까?

직원　4시간쯤 걸립니다.

리칭　8시에 진주로 출발하는 버스표 한 장 주세요.

직원　예, 알았습니다.

TIP

• 얼마나 多少 / how　• 걸리다 花费, 需要 / take　• 버스 公共汽车 / bus　• 표 票 / ticket

MP3 File 83, 84

지애 중국에서 한국에 올 때 무엇을 타고 왔어요?

리칭 비행기를 타고 왔어요.

지애 비행기로 몇 시간 걸려요?

리칭 칭다오에서 인천까지 1시간 30분 걸려요.

배를 이용하는 사람도 있어요.

지애 배로 몇 시간 걸려요?

리칭 칭다오에서 인천까지 16시간 걸려요.

TIP

• 인천 仁川 / Incheon • 이용하다 利用 / use

MP3 File 85, 86

기사　어서 오세요. 어디까지 가세요?

브라운　고속버스 터미널로 갑시다.

기사　예, 알았습니다.

고속버스를 타고 어디에 가세요?

브라운　인천공항에 갑니다.

비행기를 타고 미국으로 갑니다.

TIP

- 터미널 终点站 / terminal
- 공항 机场 / airport

MP3 File 87, 88

아유미 실례합니다. 진주역에 가고 싶습니다.
어디에서 내립니까?

여자 이 버스는 진주역으로 가지 않습니다.
다음 정류장에서 내려서 27번 버스로 갈아타세요.

아유미 다음 정류장은 어디입니까?

여자 한국대학교 앞입니다.

아유미 거기서 진주역까지 얼마나 걸립니까?

여자 한국대학교에서 진주역까지 10분쯤 걸립니다.

아유미 감사합니다.

TIP

• 실례하다 失礼 / excuse • 역 火车站 / station • 갈아타다 换乘 / change, transfer(to)
• 정류장 汽车站 / stop, station • 번 路 / time, occasion • 쯤 左右 / about, almost, some, around

어 휘

● 교통수단

고속버스

시내버스

택시

자동차

배

비행기

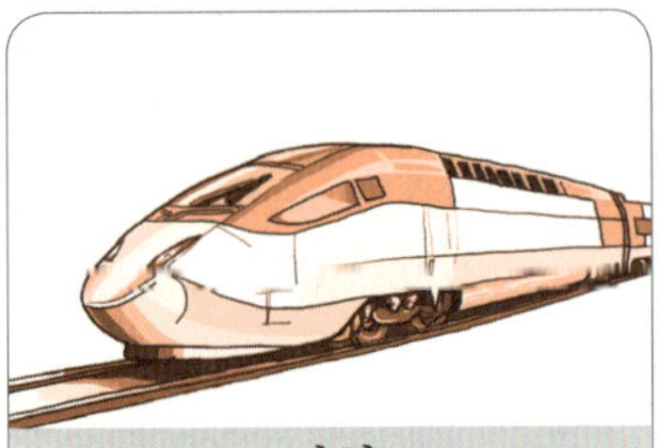
기차

지하철

자전거

● 교통수단 관련 어휘

버스 정류장

고속버스 터미널

역

공항

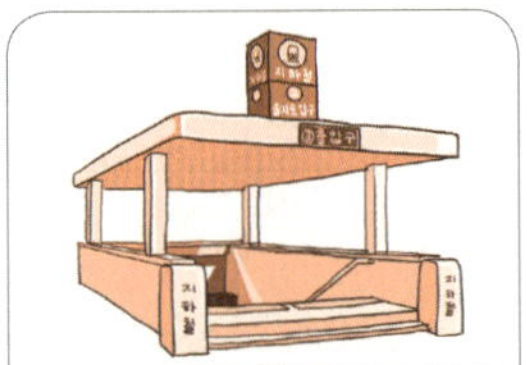
출구

지하철 노선

승강장

매표소

문법

▶ 에서

주로 명사에 붙어 앞말이 출발점임을 나타내는 말.

一般接在名词之后，表示前面的语句所指代的人或事物是出发点。

Usually added after a noun, it means that the noun is the starting point of something.

- 중국에서 한국까지 배를 타고 왔습니다.
- 10쪽에서 15쪽까지 읽으세요.

※ 다음 〈보기〉와 같이 쓰세요.

〈보기〉 (집 / 학교) 걸어서 갑니다.
⇨ 집에서 학교까지 걸어서 갑니다.

(1) (서울 / 제주도) 비행기로 갑니다.

⇨ ______________________________

(2) (진주 / 부산) 2시간 걸립니다.

⇨ ______________________________

(3) (경상대학교 / 중앙시장) 20분 걸려요.

⇨ ______________________________

문법

▶ -(으)세요

동사 뒤에 붙어 요청함을 나타내는 말. 주로 윗사람에게 쓴다.

接在动词词干之后，表示要求，主要用于对长辈或上司。

Added after a verb, it is used to ask something of someone, mainly the speaker's elders.

- 코트를 벗어요. → 코트를 벗으세요.
- 전화를 걸어요. → 전화를 거세요.

1. 다음 〈보기〉와 같이 쓰세요.

〈보기〉 숙제를 하다. ⇨ 숙제를 해요. ⇨ 숙제를 하세요.

(1) 공부를 열심히 하다. ⇨ ________ ⇨ ________

(2) 좀 쉬다. ⇨ ________ ⇨ ________

(3) 책을 읽다. ⇨ ________ ⇨ ________

(4) 도서관으로 가다. ⇨ ________ ⇨ ________

(5) 시내에서 만나다. ⇨ ________ ⇨ ________

2. 다음 〈보기〉와 같이 쓰세요.

〈보기〉 여기를 보세요. ⇨ 여기를 봐요.

(1) 창문을 닫으세요. ⇨ ________

(2) 친구를 초대하세요. ⇨ ________

(3) 공부를 열심히 하세요. ⇨ ________

(4) 엘리베이터를 타세요. ⇨ ________

문 법

▶ (으)로 2

주로 명사에 붙어 어떤 일의 수단 · 도구를 나타내는 말.

一般接在名词之后，表示做事的手段和工具。

Usually added after a noun, it means you do something using that noun.

- 고기를 칼로 자르세요.
- 비행기로 서울까지 갑니다.
- 밥을 숟가락으로 먹어요.

※ 다음 〈보기〉와 같이 쓰세요.

〈보기〉 글을 쓰다-연필

⇨ 연필로 글을 씁니다.

(1) 그릇을 만들다-흙

⇨ ____________________

(2) 여행을 하다-자전거

⇨ ____________________

(3) 비행기를 만들다-색종이

⇨ ____________________

(4) 중국에 가다-배

⇨ ____________________

문 법

▶ -는/(으)ㄴ^2

동사에 붙어 명사를 수식하는 말. '-는'은 현재의 사건이나 행위를 나타내고, '-(으)ㄴ^2'은 과거의 사건이나 행위를 나타낸다.

接在动词词干之后，对名词进行修饰。"-는"表示现在的事件或行为，"-(으)ㄴ^2"表示过去的事件或行为。

added after a verb, it makes the verb a noun, '-는' represents a current event or action, and '-(으)ㄴ^2' means the event or action happened in the past.

- 저기 가는 사람이 누구예요?
- 점심 식사로 먹은 음식은 불고기입니다.

※ 다음 〈보기〉와 같이 쓰세요.

〈보기〉 아침에 빵을 먹었습니다.
⇨ 아침에 먹은 음식은 빵입니다.

(1) 어제 등산복을 샀습니다.

⇨ 어제 ________ 옷은 등산복입니다.

(2) 주말에 박물관에 갑니다.

⇨ 주말에 ________ 곳은 박물관입니다.

(3) 지금 김밥을 만듭니다.

⇨ 지금 ________ 음식은 김밥입니다.

듣기 · 말하기

MP3 File 89

※ 다음 내용을 듣고 물음에 대답하세요.

(1) 나타샤는 어디에서 왔습니까?

⇨ ______________________________

(2) 나타샤는 인천까지 무엇을 타고 왔습니까?

⇨ ______________________________

(3) 모스크바에서 인천까지 몇 시간 걸립니까?

⇨ ______________________________

TIP

• 모스크바 莫斯科 / Moscow

읽기 · 쓰기

※ 다음 글을 읽고 물음에 알맞은 대답을 쓰세요.

승 차 권

진주 ⇨ 서울

요 금 : 성인 1명 **21,000**원

출 발 일	출 발 시 간	도 착 시 간
5월 17일	13:00	16:30

한국고속버스

(1) 이 버스는 어디에서 어디까지 갑니까?

⇨ ______________________________

(2) 몇 시에 출발합니까?

⇨ ______________________________

(3) 출발지에서 도착지까지 얼마나 걸립니까?

⇨ ______________________________

(4) 성인 두 명의 버스 요금은 얼마입니까?

⇨ ______________________________

TIP

• 출발 出发 / departure, leave, start • 도착 到达 / arrival • 성인 成人 / adult

제12과 전자우편 주소가 무엇입니까?

MP3 File 90, 91

이시다 영민 씨, 전자우편 주소가 무엇입니까?

영민 저는 지엔유 에트 다음 점 넷(gnu@daum.net)을 씁니다.

이시다 다음의 전자우편을 쓰시네요.
저도 한국 사람들이 많이 쓰는 전자우편 주소를 만들 거예요.

영민 그래요? 좋은 생각입니다. 제가 도와 드릴게요.

TIP

• 전자우편 电子邮件 / e-mail • 전자우편 주소电子邮箱 / e-mail address

MP3 File 92, 93

선생님 경상남도의 관광지를 조사해 봅시다.
조사한 내용을 전자우편으로 제출합시다.

리칭 선생님의 전자우편 주소는 무엇입니까?

선생님 내 전자우편 주소는 티처 에트 지앤유 점 에이시 점 케이알입니다.
(teacher@gnu.ac.kr)

리칭 컴퓨터가 없는 사람은 어떻게 합니까?

선생님 학교 도서관에 있는 컴퓨터를 이용하세요.

TIP

• 경상남도 庆尚南道 / Gyeongsangnam-do • 관광지 观光地 / tourist spot • 컴퓨터 电脑 / computer

MP3 File 94, 95

이시다 리칭 씨는 고향 친구나 부모님께 전화를 자주 합니까?

리칭 친구에게는 자주 전화하지 않고 부모님께는 자주 합니다.
가끔은 화상 통화로 부모님의 얼굴도 보고 목소리도 들어요.

이시다 그래요? 저도 화상 통화하는 방법을 알고 싶어요.

리칭 수업이 끝난 후 저와 같이 화상 통화를 해 봅시다.

TIP

• 얼굴 脸 / face • 화상 통화 视频通话 / videotelephony

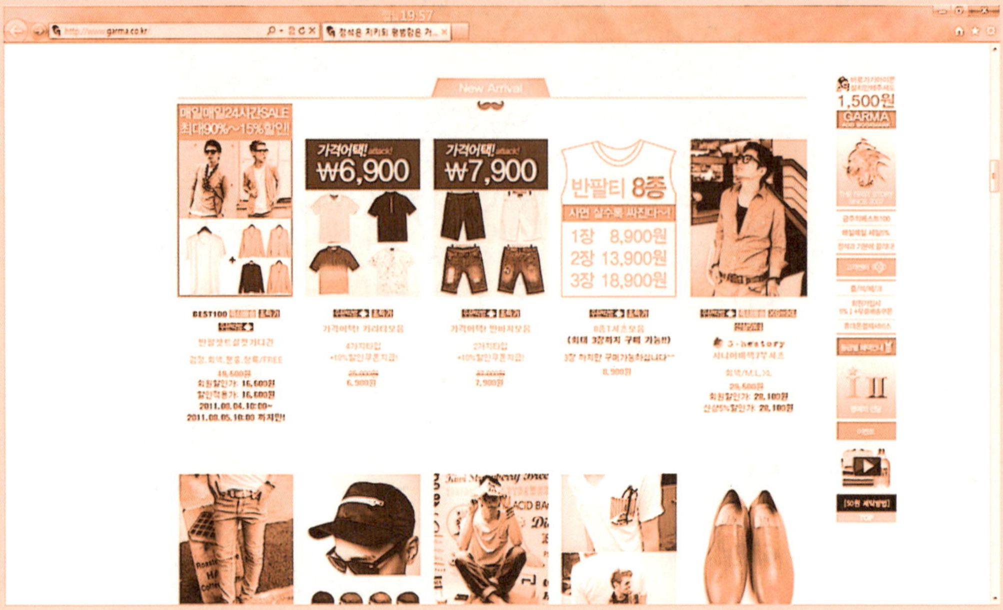

MP3 File 96, 97

리칭　어머, 가방이 참 예뻐요.

지애　이틀 전에 인터넷 쇼핑몰에서 샀어요.

리칭　인터넷으로 물건을 자주 사세요?

지애　예, 요즘에는 인터넷 쇼핑몰에도 좋은 제품이 많아요.

리칭　그래요? 저도 가방을 하나 사고 싶어요.

지애　제가 좋은 쇼핑몰을 알아요. 그곳에서 사세요.

리칭　고마워요. 거기서 살게요.

TIP

• 인터넷 互联网 / the Internet • 물건 物品 / thing, object • 쇼핑몰 超级购物中心 / shopping mall
• 구두 皮鞋 / shoes • 곳 地方 / place, location, site, area • 소개하다 介绍 / introduce

어 휘

● 전자우편

- 편지 쓰기 写信 / letter-writin
- 수신 확인 收信回执 / receipt notification
- 휴지통 垃圾箱 / recycle bin
- 보내기 发送 / send
- 미리 보기 预览 / page preview, look ahead
- 보내는 이 发件人 / sender
- 받는 이 收件人 / receiver
- 참조 参照 / reference, consultation, consult
- 제목 题目 / title
- 첨부 파일 添加附件 / attached file

문 법

▶ -(으)ㄹ 거예요

① 동사 뒤에 붙어 '의지'의 뜻을 나타내는 말. 1인칭 주어와 함께 쓴다.

接在动词词干之后，表示"意志"，与第一人称主语联用。

Added after a verb, it means someone has the 'will' to do something. It is used with first person subjects.

② 동사, 형용사, '이(다)'뒤에 붙어 '추측'의 뜻을 나타내는 말. 3인칭 주어와 함께 쓴다.

接在动词词干，形容词词干，"이(다)"之后，表示"推测"，与第三人称主语联用。

Added after a verb, it means someone plans to do something. It is used with third person subjects.

- 저는 떡볶이를 먹을 거예요.
- 순이는 시내버스를 탈 거예요.

※ 다음 〈보기〉와 같이 쓰세요.

〈보기〉 고향에 갑니까?

⇨ 예, 고향에 갈 거예요.

(1) 오늘 도서관에 갑니까?

⇨ 예, ______________________

(2) 내일 공부를 합니까?

⇨ 예, ______________________

(3) 순이는 점심을 먹습니까?

⇨ 예, ______________________

(4) 철수는 운동을 합니까?

⇨ 예, ______________________

문 법

▶ -(으)ㄹ게요

동사 뒤에 붙어 어떤 행동을 할 것을 약속하는 뜻을 나타내는 말.

接在动词词干之后，表示保证实施某种行动。

Added after a verb, it means someone promises to do something.

- 제가 점심값을 낼게요.
- 다음에 먹을게요.

※ 다음 〈보기〉와 같이 쓰세요.

〈보기〉 주말에 청소하다
⇨ 주말에 청소할게요.

(1) 생일날에 초대하다

⇨ ____________________

(2) 자장면을 먹다

⇨ ____________________

(3) 방학 때 고향에 가다

⇨ ____________________

(4) 도서관에서 책을 빌리다

⇨ ____________________

(5) 커피 자판기에서 커피를 뽑다

⇨ ____________________

문 법

▶ ㄷ 불규칙

'ㄷ'으로 끝나는 동사가 '어/아/으'와 결합하여 'ㄷ'이 'ㄹ'로 바뀌는 현상.

指以"ㄷ"结尾的动词词干后接"-어/아/으"时，"ㄷ"变为"ㄹ"的现象。

When a verb ending with 'ㄷ' is followed by '-어/아/으', 'ㄷ' is changed to 'ㄹ'.

- 이 트럭은 짐을 많이 실을 거예요.
- 빨리 걸어 오세요.

※ 다음 빈칸에 알맞은 말을 쓰세요.

기본형	-습니다	-어요	-으세요
걷다	걷습니다		
긷다		길어요	
깨닫다			
듣다			들으세요
묻다(問, to ask)			
붇다			
싣다			
*닫다		닫아요	
*돋다			
*믿다			믿으세요
*묻다(埋, to bury)			

문 법

▶ (이)나[1]

주로 명사에 붙어 선택을 나타내는 말.

一般接在名词之后，表示所作出的选择。

Usually added after a noun, it means the choice.

- 커피나 녹차를 주세요.
- 연필이나 볼펜으로 쓰세요.

※ 다음 〈보기〉와 같이 쓰세요.

〈보기〉 (부모님, 친구)에게 전화합니다.
⇨ 부모님이나 친구에게 전화합니다.

(1) (옷, 책)을 삽니다.

⇨ ______________________________

(2) 찻집에서 (커피, 녹차)를 마십니다.

⇨ ______________________________

(3) 방학에는 (기차, 버스)로 고향에 갑니다.

⇨ ______________________________

(4) 오늘 같이 좋은 날에는 (산, 들)에 가고 싶어요.

⇨ ______________________________

듣기 · 말하기

MP3 File 98

1. 다음 내용을 듣고 물음에 대답하세요.

(1) 인터넷으로 주로 무엇을 합니까?

⇨ ______________________________

(2) 예전에는 인터넷을 이용하는 사람이 많았습니까?

⇨ ______________________________

(3) 여러분들도 컴퓨터 게임을 많이 합니까? 어떤 게임을 좋아합니까?

⇨ ______________________________

(4) 인터넷의 좋은 점과 나쁜 점을 말해 봅시다.

⇨ ______________________________

MP3 File 99

2. 다음 대화를 듣고 물음에 대답하세요.

(1) 내일 날씨는 어떻습니까? ⇨ ______________

(2) 내일 날씨를 어떻게 알았습니까? ⇨ ______________

(3) 내일 두 사람은 오후에 무엇을 합니까? ⇨ ______________

TIP

- 요즈음 近来, 这两天 / nowadays
- 유익하다 有益、有好处 / useful, helpful, valuable
- 모니터 显示器 / monito

읽기 · 쓰기

※ 다음 글을 읽고 물음에 알맞은 대답을 쓰세요.

저는 인터넷으로 고향 소식을 찾아봅니다. 그리고 고향 친구와 전자우편으로 소식을 주고받습니다. 요즘에는 고향에 계신 부모님과 화상 채팅도 합니다. 인터넷이 있어서 외롭지 않습니다.

(1) 인터넷에서 주로 무엇을 합니까?

⇨ ______

(2) 여러분이 자주 방문하는 인터넷 사이트는 무엇입니까?

⇨ ______

(3) 인터넷의 좋은 점은 무엇입니까?

⇨ ______

TIP

• 소식 消息 / news • 외롭다 孤独 / lonely

제13과 도서관에 책을 빌리러 갑니다

MP3 File 100, 101

아유미 오후에 도서관에 갈 거예요?

왕신 예, 시험 준비를 하러 중앙도서관에 갈 거예요.

아유미 도서관에 사람이 많을까요?

왕신 예, 지금은 시험 기간이니까 아마 중앙도서관에 사람이 많을 거예요.

아유미 중앙도서관은 시설은 좋은데, 자리 잡기가 쉽지 않아요.

왕신 아유미 씨 말이 맞아요.

TIP

- 시험 考试 / exam, test
- 준비 准备 / prepare
- 시설 设施 / facilities
- 자리를 잡다 占座位, 定居 / take something up, take one's place

MP3 File 102, 103

아유미 오늘 도서관에 사람이 정말 많아요.
빈 자리가 별로 없어요.

왕신 예, 시험 기간이니까 모두들 열심히 공부해요.

아유미 왕신 씨, 우리도 공부를 시작할까요?

왕신 그래요. 열심히 해서 한국어 시험을 잘 치고 싶어요.

아유미 저도 열심히 공부해서 왕신 씨만큼 좋은 점수를 받고 싶어요.

TIP

• 정말 实在，确实 / really • 잘 好好地 / well • 만큼 表示程度 / like • 점수를 받다 得分 / get the score

MP3 File 104, 105

직원　어서 오세요. 뭘 도와 드릴까요?

왕신　예, 저는 통장을 만들고 싶습니다.

직원　신분증하고 도장이 필요합니다.

왕신　저는 중국 사람이라서 신분증이 없고 외국인 등록증만 있습니다.

직원　그래요? 그럼, 외국인 등록증과 도장을 주시면 됩니다.

왕신　여기 있습니다.

TIP

- 통장 存折 / bankbook
- 신분증 身份证 / identity card
- 도장 印章 / stamp
- 외국인 등록증 外国人登录证 / certificate of alien registration

MP3 File 106, 107

리칭　지애 씨, 어디 가세요?

지애　돈을 찾으러 은행에 갈 거예요.

리칭　그래요? 그런데 은행은 여기에서 멉니까?

지애　아니요, 멀지 않아요. 리칭 씨는 왜 은행에 가요?

리칭　저는 현금 직불 카드를 만들 거예요.

지애　제가 함께 가서 도와줄까요?

리칭　예, 고마워요.

TIP

- 현금 직불 카드 现金卡 / debit card

어 휘

은행 관련 어휘

- 통장 存折 / bankbook
- 체크카드 支票式信用卡 / Check-card
- 신용카드 信用卡 / credit card
- 학생증 学生证 / student ID card
- 비밀번호 密码/ password
- 신청서 申请书 / application form
- 서명 签名、签字 / signature

은행 이용법

① 순서 번호표를 뽑는다.

② 자기 번호가 되면 해당 창구로 간다.

③ 직원에게 업무를 요청한다.

어 휘

도서관 이용

- 대출 出借 / borrow
- 반납 返还 / return
- 예약 预约 / reservation
- 연장 延期 / extension
- 연체 滞纳 / overdue

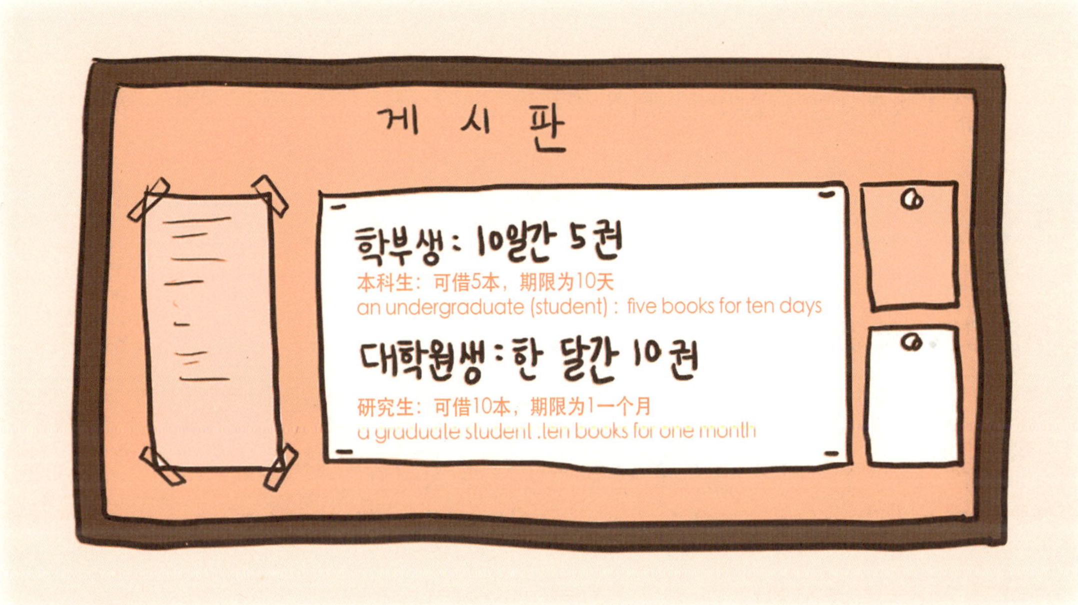

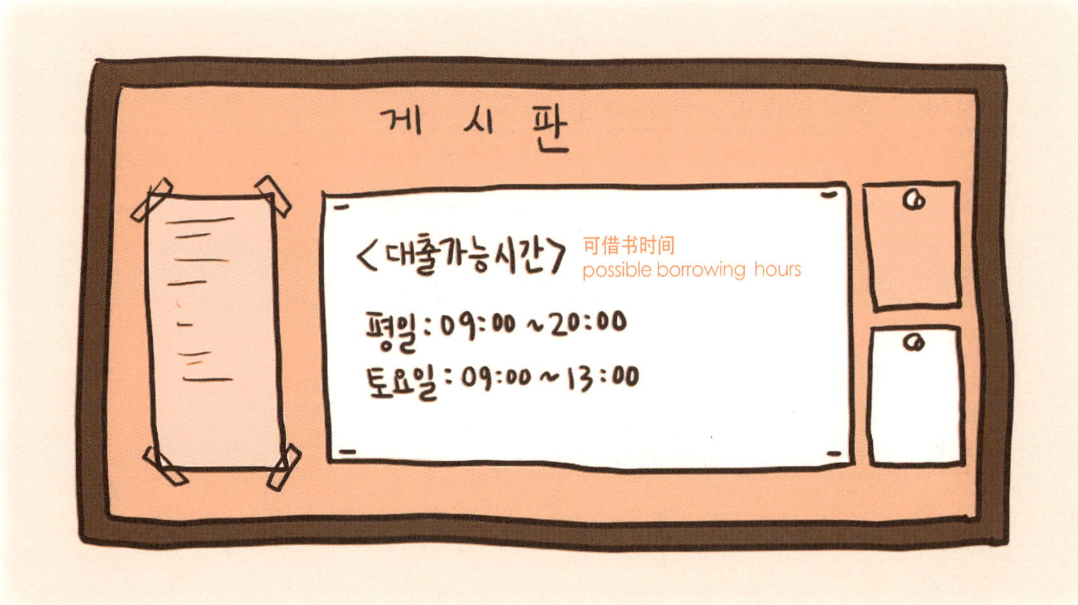

문 법

▶ -(으)ㄴ/는데 [1]

동사, 형용사에 붙어 대조의 뜻을 나타내는 말. '-(으)ㄴ데'는 형용사 '-는데'는 동사에 붙는다.

接在动词词干，形容词词干之后，表示对照。"-(으)ㄴ데"接在形容词词干后，"-는데"接在动词词干后。
Combined with a verb or adjective, it denotes contrast. '-(으)ㄴ데' is used with adjectives, '-는데' is used with verbs.

- 형은 키가 큰데 동생은 작아요.
- 이 옷은 마음에 드는데 값이 비싸요.
- 교실에 컴퓨터는 있는데 TV는 없다.

※ 다음 〈보기〉와 같이 쓰세요.

〈보기〉 도시에는 차가 많다 / 시골에는 차가 적다
⇨ 도시에는 차가 많은데 시골에는 차가 적어요.

(1) 나는 야구를 좋아하다 / 그는 축구를 좋아하다

⇨ ______________________________

(2) 떡볶이는 맵다 / 떡국은 맵지 않다

⇨ ______________________________

(3) 아침에는 커피를 마시다 / 저녁에는 커피를 안 마시다

⇨ ______________________________

(4) 왕신은 형이 있다 / 영민은 형이 없다

⇨ ______________________________

문 법

▶ -(으)니까

동사, 형용사, '이(다)' 뒤에 붙어 앞말이 뒷말의 원인이나 근거가 됨을 나타내는 말.

接在动词词干，形容词词干，"이(다)"之后，表示前面语句是后面语句的原因或根据。

Added after a verb, adjective, or '이(다)', it links two statements of an event, meaning the first sentence is the cause or reason for the following sentence.

- 날씨가 추우니까 문을 닫으세요.
- 그가 가니까 그녀도 갔어요.
- 내일은 일요일이니까 놀러 갑시다.

※ 다음 〈보기〉와 같이 쓰세요.

〈보기〉 오늘은 바쁘다 / 내일 만나다
⇨ 오늘은 바쁘니까 내일 만나요.

(1) 할인판매를 하다 / 지금 사다

⇨ ______________________

(2) 외투를 입다 / 몸이 따뜻하다

⇨ ______________________

(3) 다리가 아프다 / 쉬어 가다

⇨ ______________________

(4) 그는 미성년자이다 / 보호자가 필요하다

⇨ ______________________

문 법

▶ -(으)러 가다/오다

동사 뒤에 붙어 동작의 목적을 나타내는 말. 주로 '가다', '오다' 등의 동사와 함께 쓴다.

接在动词词干之后，表示动作的目的。主要与"가다"，"오다"等动词联用。

Added after a verb, it shows the object of an action. It is used mainly with verbs such as '가다' or '오다'.

- 영화를 보러 갑니다.
- 한국어를 배우러 왔습니다.

※ 다음 〈보기〉와 같이 쓰세요.

〈보기〉 주말에 공원에 (놀다 / 가다)
⇨ 주말에 공원에 놀러 갑니다.

(1) 시내에 맥주를 (마시다 / 가다)

⇨ ______________________________

(2) 학생식당에 점심을 (먹다 / 가다)

⇨ ______________________________

(3) 한국에 한국어를 (공부하다 / 오다)

⇨ ______________________________

(4) 아침마다 많은 학생들이 식당에 (식사하다 / 오다)

⇨ ______________________________

문 법

▶ 만큼[1]

주로 명사에 붙어 앞의 내용에 상당하는 수량이나 정도임을 나타내는 말.

一般接在名词之后，表示与前面内容相当的数量或程度。

Usually added after a noun, it is used to emphasize quality or quantity of something that is comparable.

- 너만큼 나도 잘한다.
- 리칭만큼 왕신도 한국어를 잘한다.

※ '만큼'이나 '보다'를 사용해 문장을 만들어 보세요.

(1) 내 동생은 너(　　　　　) 훨씬 키가 크다.

(2) 황허 강(　　　　　) 양쯔 강이 더 길다.

(3) 독일도 프랑스(　　　　　) 축구를 잘한다.

(4) 지구는 금성(　　　　　) 크다.

(5) 나도 너(　　　　　) 중국 음식을 좋아한다.

문 법

▶ ㄹ 탈락

'ㄹ'로 끝나는 동사나 형용사에 'ㄴ, ㅂ, ㅅ' 등이 올 경우 'ㄹ'이 탈락하는 현상.

指以"ㄹ"结尾的动词词干或形容词词干后接"ㄴ,ㅂ,ㅅ"等时，"ㄹ"自行脱落的现象。

When a verb or adjective ending with 'ㄹ' is followed by 'ㄴ', 'ㅂ', or 'ㅅ', 'ㄹ' is omitted.

- 바람이 너무 세게 붑니다.
- 집에서 학교까지 멉니다.

※ 다음 빈칸에 알맞은 말을 쓰세요.

기본형	-어요	-(으)세요	-ㅂ니다	-(으)니
걸다	걸어요			
길다			깁니다	
살다				
말다				마니
돌다				
달다		다세요		
물다				
줄다				
알다				
울다				

듣기 · 말하기

MP3 File 108

※ 다음 내용을 듣고 물음에 대답하세요.

(1) 학과 사무실에서는 무엇을 도와줍니까?

⇨ ____________________

(2) 대외협력처는 무엇을 도와줍니까?

⇨ ____________________

(3) 유학생들에게 한국어를 가르치는 기관은 어디입니까?

⇨ ____________________

(4) 학교 기관에서 도움을 받은 적이 있습니까? 어디서 어떤 도움을 받았습니까?

⇨ ____________________

TIP

- 수강 신청 选课 / register for courses
- 졸업 毕业 / graduate
- 대외협력처 对外协力处 / Office of International & External Cooperation
- 모집하다 招、招募 / recruitment
- 국어문화원 国语文化院 / Center for Korean language & Culture

읽기 · 쓰기

※ 다음 글을 읽고 물음에 알맞은 대답을 쓰세요.

은행은 돈을 저축하거나 다른 곳으로 보내고 받는 곳입니다. 은행을 이용하기 전에 통장을 만듭니다. 유학생은 외국인이니까 외국인 등록증과 도장이 필요합니다. 통장을 만들 때 현금카드를 만들 수 있습니다. 현금카드는 현금 지급기(ATM)를 이용하여 쉽게 돈을 보내거나 찾을 수 있습니다.

(1) 은행은 무엇을 하는 곳입니까?

⇨ ______________________________

(2) 외국인이 통장을 만들 때 필요한 것은 무엇입니까?

⇨ ______________________________

(3) 현금카드는 무엇을 할 때 필요합니까?

⇨ ______________________________

TIP

• 현금 지급기 取款机 / automated teller machine(ATM)

제14과 내일 다시 만날 수 있을까요?

MP3 File 109, 110

지애 아유미 씨, 내일 시간 있어요?

내일 박물관의 전시회를 보러 갈까요?

아유미 예, 좋아요. 갈 수 있어요.

약속은 있지만 취소할 수 있어요. 그런데 무슨 전시회예요?

지애 이번에 고려청자 특별 전시회가 있어서 그것을 보려고 해요.

아유미 와, 기대되네요. 전시회장 옆에서 만나요.

TIP

• 박물관 博物馆 / museum • 취소 取消 / cancel • 고려청자 高丽青瓷 / Goryeo celadon
• 특별전 特展 / a special exhibition[display]

MP3 File 111, 112

지애 아유미 씨, 여기예요.

아유미 지애 씨, 늦어서 미안해요. 길을 잘 몰라서 조금 헤맸어요.

리칭 아니에요. 저도 금방 왔어요. 어서 들어갑시다.

아유미 표는 안 사도 돼요?

리칭 제가 아유미 씨 표도 미리 샀어요.

아유미 어머, 고마워요.

TIP

• 헤매다 徘徊、彷徨 / wander[roam] (around)

MP3 File 113, 114

지애 브라운 씨, 내일 자전거를 타려고 하는데 시간이 있어요?

브라운 좋아요. 보고서가 조금 남았지만 금방 끝낼 수 있어요.
그런데 어디로 갈 거예요?

지애 강변에 가려고 해요.
경치가 좋아서 자전거 타는 사람이 많을 거예요.

브라운 좋아요. 점심 도시락은 제가 준비할게요.

TIP

• 보고서 报告 / report • 강변 江边 / riverside • 경치 风景 / scene, view

MP3 File 115, 116

아유미 지애 씨, 저랑 같이 시장 갈 수 있어요?

지애 오늘은 안 되겠어요. 너무 피곤해요.

아유미 그래요? 무슨 일이 있었어요?

지애 오늘 브라운 씨랑 강변에 가서 자전거를 탔어요.
재미는 있었지만 힘들었어요.

아유미 그럼 쉬세요. 다음에 같이 가요.

TIP

• 피곤하다 疲劳 / tired • 힘들다 吃力 / hard

어휘

약속하다	⇨	지키다	⇨	만나다
	⇨	취소하다	⇨	못 만나다
	⇨	연기하다	⇨	다음에 만나다
	⇨	어기다	⇨	못 만나다
	⇨	늦게 오다	⇨	기다리다, 늦게 만나다
	⇨	일찍 오다	⇨	기다리다
	⇨	시간에 맞춰 오다	⇨	제 시간에 만나다

※ 위의 낱말을 이용해서 다음 문장을 완성하세요.

(1) 나는 어제 약속 시간보다 (　　　　　　) 때문에 많이 기다렸어요.

(2) 지애 씨가 갑자기 약속을 (　　　　　　) 만나지 못했어요.

(3) (　　　　　　)지 못할 약속은 하지 마세요.

(4) 약속 시간에 늦지 말고 (　　　　　　)세요.

문 법

▶ -지 말다

동사에 붙어 앞말이 뜻하는 행동을 하지 못하게 함을 나타내는 말.

接在动词词干之后，表示不让做前面语句所指的行动。

Added after a verb, it means some action is not allowed.

- 교실에서는 담배를 피우지 마세요.
- 너무 많이 먹지 말아요. 배탈납니다.

※ 다음 〈보기〉와 같이 긍정 명령문과 부정 명령문으로 바꾸어 쓰세요.

〈보기〉 책을 읽다

⇨ 책을 읽으세요 ⇨ 책을 읽지 마세요

(1) 운전을 하다

⇨ ______________ ⇨ ______________

(2) 그림을 그리다

⇨ ______________ ⇨ ______________

(3) 아이스크림을 먹다

⇨ ______________ ⇨ ______________

(4) 커피를 마시다

⇨ ______________ ⇨ ______________

문법

▶ -{어/아/여}서 [2]

동사, 형용사, '이(다)'에 붙어 이유나 근거를 나타내는 말.

接在动词词干，形容词词干，"이(다)"之后，表示理由或根据。

Added after a verb, adjective, or '이(다)', it means the reason or cause of something.

- 산이 높아서 오르기 힘들어요.
- 길이 넓어서 주차하기 쉬워요.
- 너무 피곤해서 오늘은 쉬고 싶어요.
- 그는 외국인이어서 한국말을 잘 못해요.

※ 다음 〈보기〉와 같이 쓰세요.

〈보기〉 연극이 재미있다 / 또 보고 싶다
⇨ 연극이 재미있어서 또 보고 싶어요.

(1) 박물관으로 안내해 주다 / 고맙다

⇨ ______________________________

(2) 하숙집 밥이 맛있다 / 다른 곳으로 이사하기 싫다

⇨ ______________________________

(3) 일요일에는 약속이 있다 / 같이 갈 수 없다

⇨ ______________________________

(4) 산에 꽃이 많이 피다 / 경치가 아름답다

⇨ ______________________________

(5) 오늘은 개교기념일이다 / 학교에 안 간다

⇨ ______________________________

문 법

▶ -(으)려고

동사에 붙어 어떤 행동의 의도나 욕망을 나타내는 말.

接在动词词干之后，表示某种行为的意图或欲求。

Combined with a verb, it shows intention or desire to do something.

• 자장면을 먹으려고 중국 식당에 갔어요.

• 옷을 사려고 백화점에 갑니다.

※ 다음 〈보기〉와 같이 바꾸어 쓰세요.

〈보기〉 운동을 하다 / 운동화를 사다
⇨ 운동을 하려고 운동화를 샀어요.

(1) 미국에 가다 / 비행기 표를 예매하다

⇨ ____________________

(2) 물고기를 잡다 / 낚시대를 사다

⇨ ____________________

(3) 통장을 만들다 / 은행에 가다

⇨ ____________________

(4) 음악을 듣다 / 라디오를 켜다

⇨ ____________________

문 법

▶ -(으)려고 하다

동사에 붙어 앞 말이 뜻하는 행동이나 상태를 의도하거나 바람을 나타내는 말.

接在动词词干之后，表示想做前面语句所提到的行为或希望做某事。

Connected with verb, it shows intention or desire the state of things or to do something.

- 피곤해서 쉬려고 해요.
- 추워서 옷을 입으려고 해요.

※ 다음 〈보기〉와 같이 바꾸어 쓰세요.

〈보기〉 화장을 하다
⇨ 화장을 하려고 해요.

(1) 의자에 앉다

⇨ ______________________

(2) 숙제를 하다

⇨ ______________________

(3) 창문을 닫다

⇨ ______________________

(4) 생선을 굽다

⇨ ______________________

문법

▶ -지만

동사, 형용사, '이(다)'에 붙어 어떤 사실이나 내용을 시인하면서 그에 반대되는 내용을 말하거나 조건이 붙음을 나타내는 말.

接在动词词干，形容词词干，"이(다)"之后，表示在承认某种事实或内容的同时，提出与之相反的内容或是附加其他条件。

Added after a verb, adjective, or '이(다)', it denotes admission that some fact is true, but another fact affects it, or there is another condition.

- 산을 오를 때는 힘들지만 오르면 기분 좋아요.
- 바람이 불지만 춥지는 않아요.
- 어려운 문제지만 풀 수 있어요.

※ 다음 〈보기〉와 같이 쓰세요.

〈보기〉 영화를 보고 싶다 / 시간이 없다
⇨ 영화를 보고 싶지만 시간이 없어요.

(1) 공부하기 힘들다 / 열심히 하다

⇨ ______________________________

(2) 잠이 오다 / 아직 할 일이 많이 남아 있다

⇨ ______________________________

(3) 기온이 매우 높다 / 바람이 불어서 시원하다

⇨ ______________________________

(4) 빨리 뛰었다 / 약속 시간에 늦었다

⇨ ______________________________

(5) 그는 외국인이다 / 한국말을 잘한다

⇨ ______________________________

문 법

▶ 르 불규칙

'르'로 끝나는 동사에 '어/아'가 올 경우 '르'가 'ㄹㄹ'로 바뀌는 현상.

指以"르"结尾的动词词干后接"어/아"时，"르"变成"ㄹㄹ"的现象。

When a verb ending with '르' is followed by '어/아', '르' is changed into 'ㄹㄹ'.

- 마음에 드는 거 아무거나 골라요.
- 새마을호보다 KTX가 훨씬 빨라요.

※ 다음 빈칸에 알맞은 말을 쓰세요.

기본형	-ㅂ니다	-고	-(어/아)서	-어요
고르다	고릅니다			
누르다			눌러서	
모르다				
오르다				올라요
무르다				
부르다				
빠르다		빠르고		
흐르다				
*치르다				
*따르다				

듣기 · 말하기

MP3 File 117

※ 다음 내용을 듣고 물음에 대답하세요.

(1) 아유미와 리칭은 어떤 약속을 했습니까?

(2) 아유미는 리칭과의 약속을 왜 취소했습니까?

(3) 아유미는 지애와 어떤 약속을 했을까요?

읽기 · 쓰기

※ 다음 〈보기〉와 같이 친구에게 약속하는 글을 쓰세요.

〈보기〉

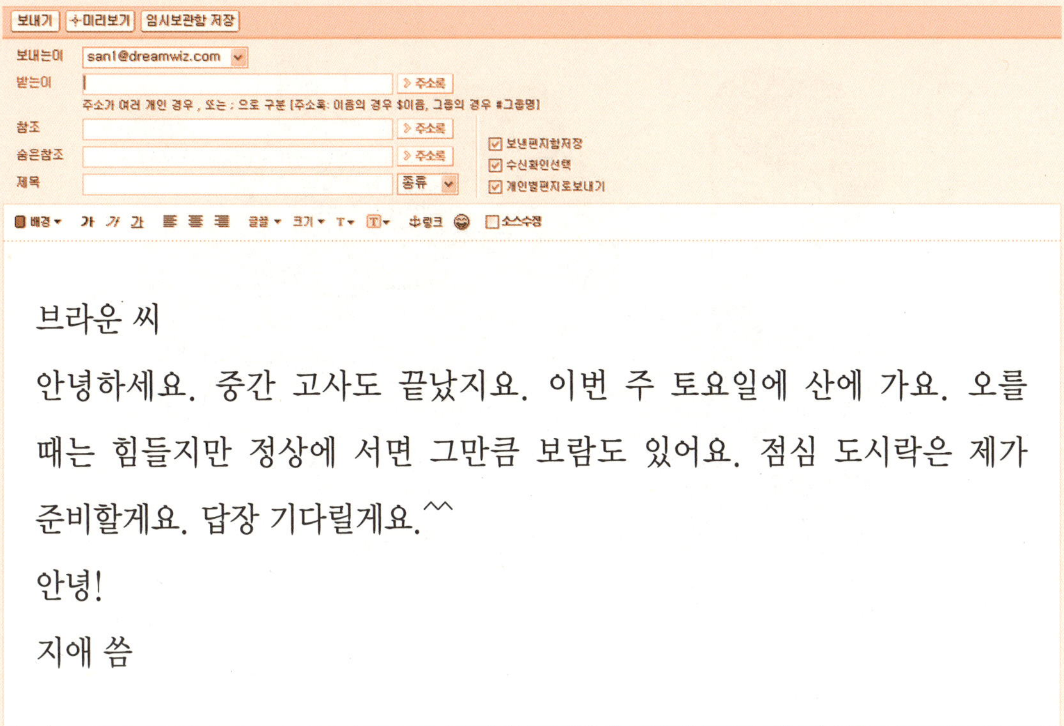

브라운 씨

안녕하세요. 중간 고사도 끝났지요. 이번 주 토요일에 산에 가요. 오를 때는 힘들지만 정상에 서면 그만큼 보람도 있어요. 점심 도시락은 제가 준비할게요. 답장 기다릴게요.^^

안녕!

지애 씀

(1) 영화 보러 가는 약속을 하는 편지

(2) 도서관 앞에서 만나 시내에 가는 약속을 하는 편지

(3) 기숙사 앞에서 만나 같이 시장에 가는 약속을 하는 편지

제15과 저는 대학생이 되면 동아리 활동을 하고 싶어요

MP3 File 118, 119

교사　대학생이 되면 하고 싶은 일을 말해 보세요.
먼저 나타샤가 말해 보세요.

나타샤　저는 대학생이 되면 기타 동아리에 가입하고 싶어요.
제가 좋아하는 노래를 멋지게 연주하면 좋겠어요.

교사　재미있겠네요.
좋아하는 음악은 무엇이지요?

나타샤　러시아 민속 음악도 좋아하고 한국의 유행가도 좋아해요.

TIP

- 미래 未来 / the future
- 직업 职业 / job
- 외교관 外交官 / diplomat
- 민속음악 民乐歌曲 / folk music
- 유행가 流行歌 / popular song

MP3 File 120, 121

앙신 이번 주까지 수강 신청을 헤야 합니다.
무슨 과목을 신청하면 좋겠어요?

조교 전공 과목은 꼭 신청해야 하고 교양 과목은 원하는 것을 신청하면 됩니다.

왕신 신청한 후에 취소할 수 있어요?

조교 예, 할 수 있습니다.
수강 과목 정정 기간에 신청한 과목을 바꿀 수 있습니다.

TIP

- 수강 신청 选课 / register for courses • 전공 专业 / major
- 교양 과목 教养科目 / the liberal arts course, cultural studies subjects
- 정정 기간 订正期间 / the (grade) correction period

MP3 File 122, 123

리칭　왕신 씨, 늦었어요. 지각하지 않으려면 뛰어야 해요.

왕신　그래요. 늦게 잘 때마다 지각이에요.

(교실)

교사　리칭 씨와 왕신 씨는 지각입니다.

지각 3번 하면 결석 1번입니다.

리칭　죄송합니다. 다음부터는 늦지 않겠습니다.

왕신　선생님, 죄송합니다.

TIP

• 결석 缺席 / absence

MP3 File 124, 125

리칭　다음 주 월요일 시험이에요.

이번 시험을 잘 쳐야 합니다.

왕신　저도 이번 시험을 잘 쳐야 해요.

지난 학기에는 시험을 못쳐서 학점이 잘 나오지 않았어요.

리칭　저도 열심히 했지만 성적이 좋지 않았어요.

왕신　우리 모두 이번 시험을 잘 쳐서 장학금을 받아요.

리칭　좋아요.

TIP

• 학점 学分 / credit • 성적 成绩 / grade • 장학금 奖学金 / scholarship

어 휘

학교생활 관련 어휘

- 등록금 学费 / tuitio
- 수강신청 选课 / register for courses
- 학점 学分 / credit
- 장학금 奖学金 / scholarship
- 결석 缺席 / absence
- 출석부 考勤簿 / attendance book
- 수강 정정 选课订正 / rectify a register for a course
- 성적 成绩 / grade
- 휴강 停讲 / cancel a class
- 지각 迟到 / lateness, be late

※ 위의 낱말을 이용해서 다음 문장을 완성하세요.

(1) (　　　　　) 했어요? / 아직 못했어요. (　　　　　) 기간에 해도 돼요.

(2) 이번 학기 (　　　　　)은/는 언제까지 납부해야 됩니까?

(3) 교양 과목은 몇 (　　　　　)까지 신청할 수 있어요?

(4) 저는 이번 기말고사 (　　　　　)이/가 좋아서 (　　　　　)을/를 받을 수 있어요.

(5) (　　　　　) 세 번은 (　　　　　) 한 번과 같아요.

(6) 내일은 개교기념일이어서 (　　　　　)을/를 합니다.

어 휘

동아리 활동

• 별을 관측하고 싶어요.

⇨ 천문관측 동아리

• 사진을 찍고 싶어요.

⇨ 사진 동아리

• 암벽 등반을 하고 싶어요.

⇨ 산악 동아리

• 영어 공부를 하고 싶어요.

⇨ 영어회화 동아리

• 기타를 배우고 싶어요.

⇨ 기타 동아리

• 패러글라이딩을 하고 싶어요.

⇨ 패러글라이딩 동아리

문법

▶ -(으)면

동사, 형용사, '이(다)' 뒤에 붙어 불확실하거나 아직 이루어지지 아니한 사실을 가정함을 나타내는 말. 또 분명한 사실을 어떤 일에 대한 조건으로 말함을 나타내는 말.

接在动词词干，形容词词干和 "이(다)" 之后，表示对不确定或尚未实现的事情进行假定，还表示将明白无误的事实当作某件事情的前提条件。

Added after a verb, adjective, or '이(다)', it introduce the circumstances in which an event or situation might happen or might have happened. It also shows that some facts are certain if that circumstance, event, or situation occurs.

- 내일 날씨가 좋으면 산에 갑시다.
- 방학이 되면 고향에 갈 거예요.
- 시험이 끝나면 자전거 타러 가고 싶어요.
- 그가 착한 사람이면 복을 받을 거예요.

1. 다음 〈보기〉와 같이 쓰세요.

〈보기〉 방학이 되다 / 여행을 가다
⇨ 방학이 되면 여행을 갈 거예요.

(1) 시험 성적이 80점이다 / 합격이다
⇨ ______________________

(2) 궁금하다 / 물어보다
⇨ ______________________

(3) 아프다 / 병원에 가다
⇨ ______________________

2. '-(으)면'을 이용하여 문장을 완성하세요.

(1) ______________ (으)면 ______________

(2) ______________ (으)면 ______________

문법

▶ –겠[2]–

동사에 붙어 말하는 사람의 의지를 나타내는 말.

接在动词词干之后，表示话者的意志。

Added after a verb, it shows the will of the speaker.

- 저는 주스를 마시겠습니다.
- 제가 운전하겠습니다.

※ 밑줄 친 동사를 '–겠–'을 넣어 표현하세요.

(1) 제가 내일 리칭을 만나다.

⇨ ____________________

(2) 저는 이 책을 보다.

⇨ ____________________

(3) 제가 라면을 먹다.

⇨ ____________________

(4) 제가 선생님께 전화를 하다.

⇨ ____________________

문 법

▶ 마다

주로 명사에 붙어 '낱낱이 모두'의 뜻을 나타내는 말.

一般接在名词之后，表示"一一地，都"。

Usually added after a noun, it means '낱낱이 모두', all the parts of something, or all the members of a group.

- 월요일 아침이 되면 버스마다 만원이다.
- 고향에 가고 싶지만 방학 때마다 가지는 않는다.

※ 다음 〈보기〉와 같이 쓰세요.

〈보기〉 주말

⇨ 주말마다 등산을 갑니다.

(1) 사람

⇨ ______________________

(2) 점심시간

⇨ ______________________

(3) 도시

⇨ ______________________

(4) 대학

⇨ ______________________

(5) 나라

⇨ ______________________

듣기 · 말하기

MP3 File 126

1. 다음 내용을 듣고 물음에 대답하세요.

(1) 브라운은 보통 몇 시에 일어납니까?

(2) 브라운은 어떻게 학교에 옵니까?

(3) 브라운은 몇 시부터 몇 시까지 수업을 합니까?

(4) 수업이 끝나면 브라운은 어디로 갑니까?

(5) 요즈음은 브라운이 점심으로 무엇을 먹습니까?

MP3 File 127

2. 다음 내용을 듣고 물음에 대답하세요.

(1) 말하기, 듣기, 읽기, 쓰기 중 리칭이 좋아하는 것은 무엇입니까?

(2) 리칭과 왕신은 내일 무슨 시험이 있습니까?

(3) 두 사람은 시험이 끝나면 무엇을 하려고 합니까?

(4) 오늘 왕신이 기분이 좋은 이유는 무엇입니까?

TIP

• 계획을 짜다 制定计划 / make a plan

읽기 · 쓰기

※ 다음 글을 읽고 물음에 알맞은 대답을 쓰세요.

브라운은 축구 동아리 회원입니다. 동아리 회원들과 주말마다 축구를 합니다. 미국에서는 야구를 좋아했습니다. 그러나 한국에서 친구들과 축구를 하기 시작했습니다. 지금은 야구보다 축구를 더 좋아합니다. 요즈음은 주말마다 축구 시합을 합니다. 이번 주말에도 축구 시합이 있습니다.

(1) 브라운은 언제 축구를 합니까?

⇨ ______________________________

(2) 미국에서 브라운은 어떤 경기를 좋아했습니까?

⇨ ______________________________

(3) 요즈음 브라운은 주말마다 무엇을 합니까?

⇨ ______________________________

(4) 언제 축구 시합이 있습니까?

⇨ ______________________________

TIP

• 시합 比賽 / game, match

제16과 아버지께서는 바둑을 좋아하십니다

MP3 File 128, 129

교사　오늘은 가족사진을 보면서 가족을 소개해 봅시다.
리칭이 먼저 소개해 보세요.

리칭　제가 먼저 하겠습니다.
우리 가족은 모두 3명입니다. 아버지, 어머니, 그리고 저입니다.
아버지는 고등학교 선생님이십니다.
아버지께서는 바둑을 좋아하십니다.
이번 주말에 교사 바둑 대회에 나갈 예정입니다.
어머니는 은행원이십니다.

TIP

• 고등학교 高中 / high school　• 바둑 围棋 / baduk, (the game of) go

MP3 File 130, 131

리칭　지애 씨, 가족은 몇 명이에요?

지애　우리 가족은 모두 5명이에요.

아버지는 회사원이시고, 어머니는 가정주부시고,

오빠는 대학원생입니다.

오빠는 키가 커서 농구를 잘합니다.

여동생은 고등학생이에요.

리칭　가족이 정말 많아요

지애　우리 마을에는 우리 집보다 가족이 많은 집도 있어요.

TIP

- 회사원 公司职员 / employee, worker
- 대학원생 研究生 / graduate student
- 농구 篮球 / basketball
- 여동생 妹妹 / a younger sister
- 고등학생 高中生 / high school student

MP3 File 132, 133

왕신 영민 씨, 안녕하세요. 어디 가세요?

영민 예, 김밥을 만들 재료를 사러 가요. 내일 등산을 가요.

왕신 그러세요? 옆에 계신 분은 누구세요?

영민 우리 누나예요.

왕신 안녕하세요. 저는 영민이와 같이 공부하고 있는 왕신입니다.

누나 예, 반가워요.

TIP

- 김밥 紫菜包饭 / gimbap, kimbap

어 휘

● 가족 관계1

(1) 주체가 남자일 때

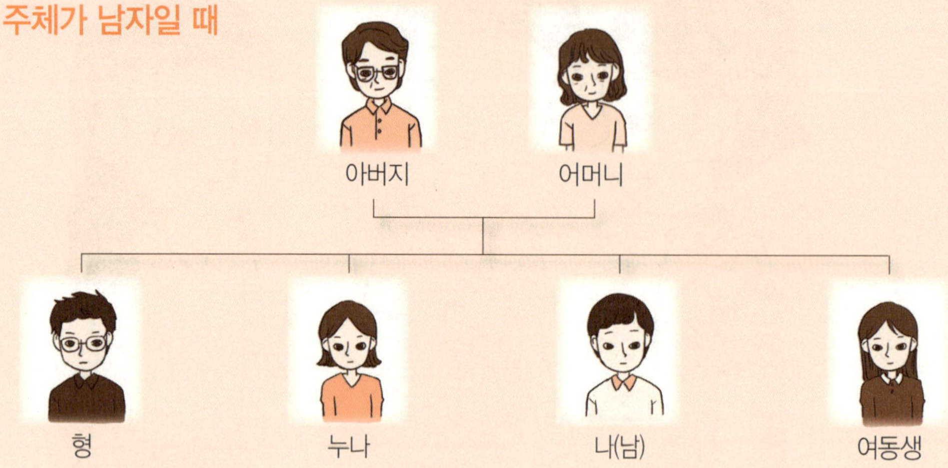

(2) 주체가 여자일 때

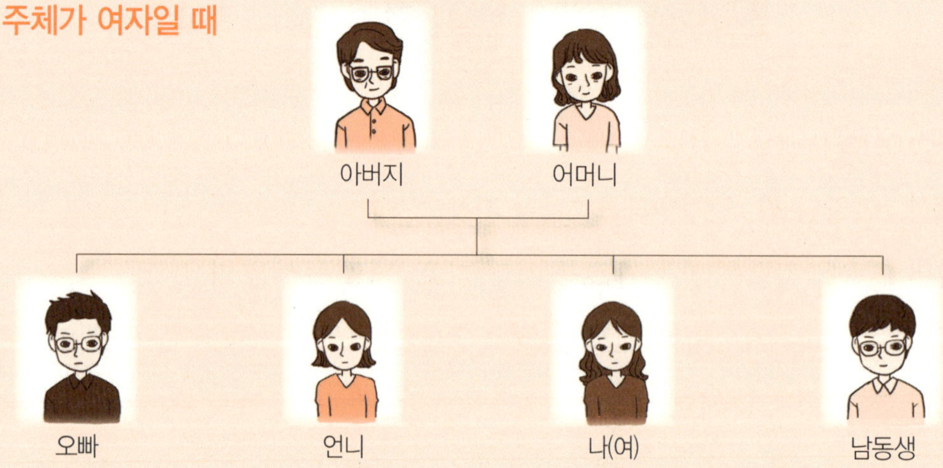

※ 아래 사람의 나이와 성(性)을 보고 ( ) 안에 알맞은 말을 넣으세요.

• 남자A 29세 • 여자A 27세 • 여자B 24세 • 남자B 23세

(1) 남자A는 남자B의 (   )입니다. (2) 남자B는 남자A의 (   )입니다.

(3) 여자A는 여자B의 (   )입니다. (4) 여자B는 여자A의 (   )입니다.

(5) 남자A는 여자A의 (   )입니다. (6) 여자A는 남자B의 (   )입니다.

어 휘

형용사 2

모 습 模样 / figure	
• 잘생기다	长得好 / handsome
• 못생기다	长得不好 / ugly
• 예쁘다	漂亮 / beautiful
• 귀엽다	可爱 / cute
• 날씬하다	苗条 / slim
• 뚱뚱하다	肥胖 / fat, overweight
• 키가 크다	个子高 / tall
• 키가 작다	个子矮 / short

성 격 性格 / character	
• 무뚝뚝하다	倔 / to be unsociable[curt/brusque]
• 활발하다	活泼 / to be active
• 자상하다	和善 / to be thoughtful [considerate/attentive]
• 내성적이다	内向 / to be introverted
• 외향적이다	外向 / to be extroverted[outgoing]
• 점잖다	文雅 / to be gentle
• 착하다	善良 / to be kindhearted
• 어질다	仁慈 / to be benevolent/benign

※ 모습을 나타내는 낱말을 이용해서 다음 문장을 완성하세요.

(1) 저는 (   ){어/아/여}서 다이어트 중입니다.

(2) 새끼 고양이가 너무 (   ){어/아/여}요.

(3) 제 여자 친구는 우리 학교에서 제일 (   ){어/아/여}요.

※ 성격을 나타내는 낱말을 이용해서 다음 문장을 완성하세요.

(1) 친구는 성격이 외향적이고 (   ){어/아/여}요.

(2) 저의 할아버지는 (   ){어/아/여}서 우리의 말을 잘 들어 주십니다.

(3) 경상도 남자는 말이 없고 (   ){어/아/여}요.

문 법

▶ 께서는

'께서'에 '는'이 결합된 말. 높임말로 사용된다.

由 "께서" 与 "는" 结合而成，用作敬语。

Here, '께서' and '는' are combined, and used for honorific purposes.

- 우리집 화단은 늘 할아버지께서 가꾸신다.
- 아버지께서 야단을 치시면 무서우십니다.

※ 다음 〈보기〉에서 알맞은 말을 골라 쓰세요.

〈보기〉 • 이 • 가 • 께서(는)

(1) 리칭(　　　) 학교에 갑니다.

(2) 어머니(　　　) 시장에 가십니다.

(3) 아버지(　　　) 전화를 하셨어요.

(4) 지애(　　　) 학교에 갑니다.

문법

▶ -(으)ㄹ

동사에 붙어 명사를 수식하는 말. 예정이나 미래 상황을 나타낸다.

接在动词词干之后，用来修饰名词，表示打算或未来状况。

Combined with a verb that modifies a noun, it shows a plan or a situation in the future.

- 친구와 내일 도서관 앞에서 만날 약속을 했어요.
- 나중에 먹을 음식을 준비하고 있어요.

※ 다음 〈보기〉와 같이 쓰세요.

〈보기〉 내일 볼 영화 제목은 뭔가요? (보다)

(1) 내일 __________ 생각이에요.(떠나다)

(2) 방학 때 고향으로 __________ 학생들은 손들어 주세요.(가다)

(3) 다음 주에 용돈을 __________ 예정이에요.(받다)

(4) 이제 책을 __________ 시간입니다.(읽다)

문 법

▶ 으 탈락

동사나 형용사의 끝소리 '-으'가 '어/아'와 결합하여 '-으'가 탈락되는 현상.

指动词词干或形容此词干的尾音"-으"与"어/아"结合时，"-으"发生脱落的现象。

When a verb or an adjective ending with '-으' is combined with '어/아', '-으' is omitted

- 한글을 써 봅시다.
- 우리의 정성을 모아요.

※ 다음 빈칸에 알맞은 말을 쓰세요.

기본형	-ㅂ니다	-아도	-어요	-(으)세요
고프다		고파도		
기쁘다				
나쁘다				
담그다				
모으다	모읍니다			
슬프다				
아프다				
예쁘다		예뻐도		
잠그다				
크다			커요	

듣기 · 말하기

MP3 File 134

※ 다음 내용을 듣고 물음에 대답하세요.

(1) 리칭이 오늘 왜 수업에 올 수 없습니까?

(2) 리칭과 선생님이 통화를 하는 날은 무슨 요일입니까?

(3) 리칭은 어머니와 무엇을 하려고 합니까?

읽기 · 쓰기

※ 다음 글을 읽고 물음에 알맞은 대답을 쓰세요.

영민이의 가족은 대가족입니다. 영민이는 형과 누나와 여동생이 있습니다. 또 영민이는 할아버지, 할머니도 함께 삽니다. 옛날에는 한국도 영민이네처럼 가족이 많았지만 지금은 이렇게 많은 가족이 같이 사는 경우가 흔하지 않습니다. 영민이의 아버지는 고등학교 선생님이시고 어머니는 초등학교 선생님이십니다. 그래서 영민이의 형과 누나는 할머니가 키우셨습니다. 어머니께서 명예퇴직을 하신 후에는 어머니가 영민이와 동생들을 키웠습니다.

(1) 영민이의 식구는 모두 몇 명입니까?

⇨ ______________________________

(2) 현재 영민이 어머니의 직업은 무엇입니까?

⇨ ______________________________

(3) 자기 가족을 소개하는 글을 써서 수업 시간에 읽어 봅시다.

⇨ ______________________________

____

____

____

____

____

TIP

- 대가족 大家庭 / large family
- 흔하다 有的是 / common
- 키우다 培养, 培育 / bring up
- 명예퇴직 内退 / voluntary retirement[resignation]

제17과 저는 감기에 걸렸어요

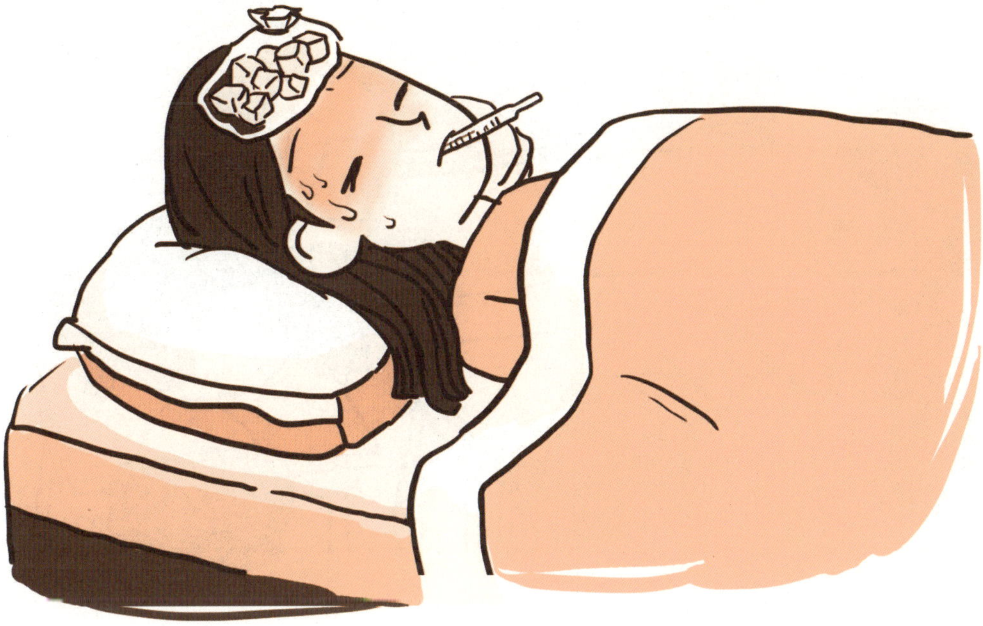

MP3 File 135, 136

지애 리칭 씨, 어디 아파요?

리칭 머리가 많이 아파요. 열도 나요.

지애 그러면 오늘은 학교에 가지 말고 쉬세요. 선생님께 연락을 했어요?

리칭 아니요, 아직 안 했어요.

지애 내가 대신 말해 줄게요.

리칭 고마워요.

TIP

• 열 热 / heat • 연락 联络 / contact • 열이 나다 发烧 / run a fever, have a fever
• 그러면 那么 / then, if you do • 머리가 아프다 头疼 / have a headache • 대신 代替 / instead

MP3 File 137, 138

교사 리칭이 오늘 안 왔어요?

왕신 예, 리칭은 기숙사에서 쉬고 있습니다.

교사 어디가 아파요?

왕신 감기에 걸렸습니다.

교사 약은 먹었어요? 병원에 갔어요?

왕신 예, 병원에 다녀온 후 많이 좋아졌어요.

TIP

• 감기에 걸리다 得感冒 / have a cold

MP3 File 139, 140

의사 어디가 아프세요?

리칭 감기로 머리가 아파요. 목도 많이 아픕니다.

의사 다른 증상은 없으세요?

리칭 기침도 많이 해요.

의사 그럼 약을 3일분을 지어 드릴게요.
이 약을 드시면 나을 거예요.
처방전을 받아서 약국에서 약을 사세요.

리칭 예, 고맙습니다.

TIP

- 목이 아프다 嗓子疼 / have a sore throat
- 증상 症状 / symptom
- 기침 咳嗽 / cough
- (약을) 짓다 抓药 / prepare medicine
- 처방전 处方 / prescription
- 약국 药店 / pharmacy
- 약 药 / medicine
- 분 份 / a part, a portion

어휘

신체 관련 어휘

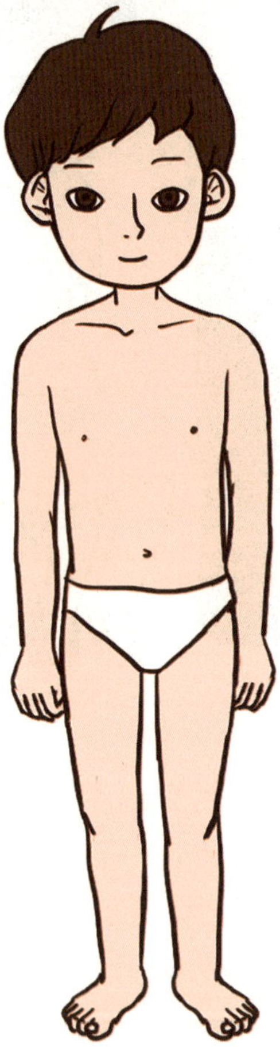

- 머리
- 얼굴
- 코
- 눈
- 귀
- 입
- 이
- 목
- 팔
- 어깨
- 가슴
- 손
- 손목
- 발목
- 허리
- 등
- 엉덩이
- 뒤통수
- 종아리
- 허벅지
- 손톱
- 손가락
- 배
- 배꼽
- 다리
- 무릎
- 발
- 발톱
- 발가락

어 휘

병원 관련 어휘

• 이가 아파요.
⇨ 치과

• 배가 아파요.
⇨ 내과

• 귀가 아파요.
⇨ 이비인후과

• 목이 아파요.
⇨ 이비인후과

• 코가 아파요.
⇨ 이비인후과

• 다리를 다쳤어요.
⇨ 정형외과

• 눈이 아파요.
⇨ 안과

• 피부가 가려워요.
⇨ 피부과

• 아이가 아파요.
⇨ 소아과

• 쌍거풀 수술을 하고 싶어요.
⇨ 성형외과

• 우울하고 스트레스를 많이 받아요.
⇨ 정신과

• 가끔씩 다리가 저려요.
⇨ 신경과

• 칼에 베었어요.
⇨ 외과

어 휘

증상의 종류

- 기침을 하다 咳嗽/have a cough
- 열이 나다 / 열이 있다 发烧 / have a fever
- 몸살이 나다 四肢酸疼 /to ache all over one's body
- 머리가 아프다 头疼 / have a headache
- 목이 아프다 嗓子疼 / have a sore throat
- 콧물이 나다 流鼻涕 /to have a running nose
- 배가 아프다 / 배탈이 나다 肚子疼, 闹肚子 / have a stomachache
- 귀가 아프다 耳朵疼 / have a pain in the ear
- 눈이 충혈되다 眼睛充血 /to have bloodshot eyes
- 눈이 붓다 眼肿 / have one´s eyes swollen
- 발을 삐다 崴脚 / to sprain one´s ankle

※ 다음 〈보기〉에서 알맞은 낱말을 골라 쓰세요.

〈보기〉 • 내과 • 치과 • 성형외과 • 안과

(1) 머리가 아파요. ⇨ ______________________

(2) 이가 아파요. ⇨ ______________________

(3) 배가 아파요. ⇨ ______________________

(4) 눈이 아파요. ⇨ ______________________

(5) 코를 고쳤어요. ⇨ ______________________

문 법

▶ -고 있다 [1]

동사에 붙어 앞말이 뜻하는 행동이 진행되고 있음을 나타내는 말.

接在动词词干之后，表示前面语句所指的行动正在进行。

Added after a verb, it describes an ongoing action in the present.

- 저는 영화를 보고 있어요.
- 저는 공부하고 있어요.

※ 다음 〈보기〉에서 알맞은 말을 골라 쓰세요.

〈보기〉 • 먹다 • 마시다 • 쉬다 • 찾다 • 가다 • 감기를 앓다

(1) 나는 오렌지 주스를 (　　　　　)고 있습니다.

(2) 나는 집에서 (　　　　　)고 있습니다.

(3) 나는 친구의 지갑을 (　　　　　)고 있습니다.

(4) 친구는 어제부터 심하게 (　　　　　)고 있습니다.

(5) 나는 저녁밥을 (　　　　　)고 있습니다.

(6) 지금 저는 고향에 (　　　　　)고 있습니다.

문 법

▶ -{어/아/여} 주(다)/드리(다)

다른 사람을 위하여 어떤 행동을 함을 나타내는 말. '주(다)'는 낮춤말이고 '드리(다)'는 높임말이다.

表示为他人采取某种行动。"주(다)"是谦语，"드리(다)"是敬语。

This is used to describe some actions done for other people. '주(다)' is usually spoken to people younger than the speaker, '드리(다)' to older.

- 내가 대신 해 줄게.
- 전화번호 좀 가르쳐 주세요.
- 숙제를 도와주세요.

※ 다음 〈보기〉와 같이 쓰세요.

〈보기〉 편지를 부칩니다.
⇨ 편지를 부쳐 줍니다.

(1) 내가 가방을 들까요?

⇨ ______________________________

(2) 제가 대신 전화를 걸까요?

⇨ ______________________________

(3) 버스에서 자리를 양보하다.

⇨ ______________________________

(4) 친구의 숙제를 돕습니다.

⇨ ______________________________

문 법

▶ (으)로 3

주로 명사에 붙어 어떤 일의 원인이나 이유를 나타내는 말.

一般接在名词之后，表示事情发生的原因或理由。

Usually added after a noun, it shows the reason or cause of an event.

- 이번 야유회는 비로 취소가 되었습니다.
- 기침으로 고생을 많이 했습니다.

※ 다음 〈보기〉에서 알맞은 낱말을 골라 쓰세요.

〈보기〉 • 감기 • 태풍 • 도움 • 칭찬

(1) 지난여름에는 ( )(으)로 많은 집이 부서졌습니다.

(2) 이웃의 ( )(으)로 우리는 빨리 고난을 극복했습니다.

(3) 지난겨울은 ( )(으)로 고생을 했습니다.

(4) 선생님의 ( )(으)로 나는 힘을 얻었습니다.

문 법

▶ ㅅ 불규칙

'ㅅ'으로 끝나는 동사나 형용사에 '어/아/으'가 올 경우 'ㅅ'이 탈락하는 현상.

指以"ㅅ"结尾的动词或形容词词干后接"어/아/으"时，"ㅅ"发生脱落的现象。

When a verb or adjective ending with 'ㅅ' is followed by '어/아/으', 'ㅅ' is omitted.

- 푹 자고 났더니 감기가 나았어요.
- 이젠 맛있는 밥을 지을 수 있어요.

※ **다음 빈칸에 알맞은 말을 쓰세요.**

기본형	-습니다	-고	-어요	-으세요
붓다	붓습니다			
긋다			그어요	
낫다				
짓다				지으세요
씻다				
잇다				

듣기 · 말하기

MP3 File 141

※ 다음 내용을 듣고 물음에 대답하세요.

(1) 리칭은 왜 감기에 걸렸습니까?

(2) 리칭은 감기에 걸려서 어떻게 했습니까?

(3) 리칭은 왜 약속 장소에 못 나옵니까?

읽기 · 쓰기

※ 다음 글을 읽고 물음에 알맞은 대답을 쓰세요.

몸이 아프면 먼저 병원에 가야 합니다. 병원에 가서 의사 선생님께 진찰을 받습니다. 의사 선생님은 진찰을 한 후에 '처방전'을 줍니다. 처방전을 가지고 약국에 갑니다. 약사에게 처방전을 주면 약사는 약을 지어 줍니다.

(1) 아프면 어디에 먼저 가야 합니까?

⇨ ______________________________

(2) 병원에서 의사 선생님이 진찰한 후에 무엇을 줍니까?

⇨ ______________________________

(3) 여러분이 나라에서는 아플 때 어떻게 하는지 말해 봅시다.

⇨ ______________________________

제18과 영민 씨 좀 바꿔 주세요

MP3 File 142, 143

영민어머니	여보세요?
리칭	거기 영민 씨 댁이지요? 저는 영민 씨 친구 리칭입니다. 영민 씨 좀 바꿔 주세요.
영민어머니	지금 영민이는 집에 없어요. 휴대 전화를 가지고 갔으니까 휴대 전화로 전화해 보세요.
리칭	휴대 전화 번호가 몇 번이지요?
영민어머니	010-1234-9876입니다.
리칭	감사합니다. 안녕히 계세요.

TIP

- 댁 府上 / house, home
- 바꿔 주다 给换 / to put through to, to put somebody on the phone
- 휴대 전화 手机 / cellphone, cellular phone, mobile phone

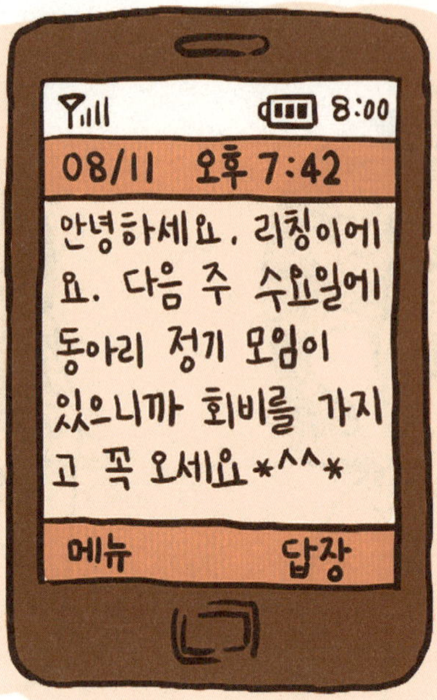

MP3 File 144, 145

영 민	리칭 씨, 문자 메시지 잘 받았습니다. 그런데 회비가 얼마지요?
리 칭	영민 씨는 지난달에도 회비를 내지 않아서 이번에 22,000원을 내야 해요.
영 민	왜 22,000원을 내야 합니까?
리 칭	제때 회비를 안 내면 벌금이 2,000원이에요.
영 민	회비는 누구에게 내야 합니까?
리 칭	회장에게 내야 해요.

TIP

• 문자 메시지 短信 / text message • 회비 会费 / fee, dues • 내다 交 / pay • 벌금 罚款 / fine, penalty
• 정기모임 例会 / regular meeting • 제때 及时, 按时 /at the right time • 회장 会长 / president, chairman

MP3 File 146, 147

리칭　아유미 씨, 오늘 오전에 여러 번 전화했어요.
휴대 전화를 안 가지고 있었어요?

아유미　휴대 전화 소리를 진동으로 바꿔서 몰랐어요.
저에게 전할 일이 있어요?

리칭　약속 장소와 시각이 바뀌어서 전화했어요.
문자 메시지도 보냈어요. 문자 메시지를 아직 안 봤어요?

아유미　예, 아직 안 봤어요. 지금 문자 메시지를 확인해 볼게요.

TIP

- 진동 振动 / vibration
- 바꾸다 改变, 换 / change
- 급하다 急 / urgent, pressing
- 아직 还, 尚 / still, yet
- 전하다 传递消息 / convey

MP3 File 148, 149

아유미 어제 왜 전화를 안 받았어요?

이시다 휴대 전화를 집에 두고 나가서 전화를 못 받았어요.
무슨 일이 있어요?

아유미 다음 주에 동아리 모임이 있어요.
이시다 씨도 참석해야 해요.

이시다 동아리 모임이 무슨 요일에 있어요?

아유미 수요일에 있어요. 그때 올 수 있어요?

이시다 예, 그때 갈 수 있어요.

TIP

• 동아리 社团 / club • 참석하다 参加, 出席 / attendance

어 휘

전화

전화

휴대 전화

공중전화

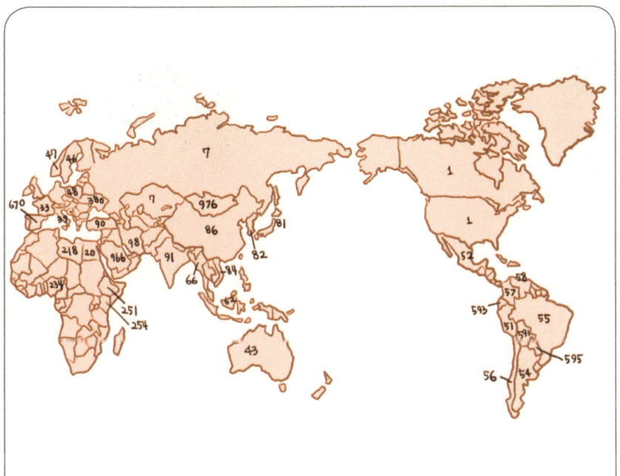

국제 전화

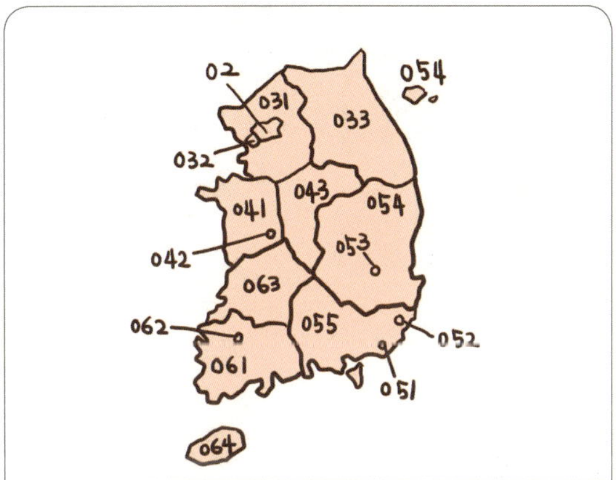

시외 전화

어 휘

전화하기 1

전화를 걸다 / 하다　　전화벨이 울리다　　전화를 받다

통화를 하다　　통화 중이다

전화하기 2

- 우리 집 전화가 고장 났어요. ⇨ 110
  我家电话出故障了。/ The phone is out of order.
- 그 가게 전화번호를 몰라요. ⇨ 114
  不知道那家商店的电话号码。/ I don’ t have the shop's phone number.
- 불이 났어요. 사람도 다쳤어요. ⇨ 119
  着火了，有人伤了。 / A fire broke out. one person was[got] hurt, too
- 오늘 날씨를 알고 싶어요. ⇨ 131
  想知道今天的天气情况。 / I want today's weather.
- 우리 집에 도둑이 들어왔어요. ⇨ 112
  我家招贼了。/ My house was robbed.

어 휘

휴대전화

벨 소리

진동

배터리를 충전하다

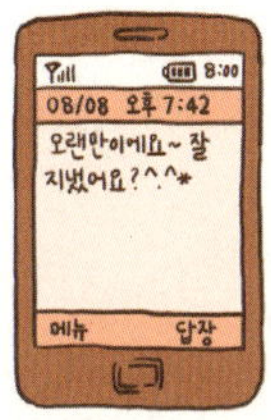

(문자 메세지를) 보내다 / 받다

(휴대 전화를) 켜다 / 끄다

- 웃는 모습 ⇨ ^_^ ^ ^ ^o^ *^ ^*
- 겸연쩍은 모습 ⇨ ^_^;; ^ ^;;
- 좌절하는 모습 ⇨ OTL OTZ
- 우는 모습 ⇨ ㅠ.ㅠ ㅠ.ㅜ ㅜ.ㅜ

다양한 이모티콘

문 법

▶ 에게/한테/께

명사 뒤에 붙어 어떤 행동이 미치는 대상을 나타내는 말.

接在名词之后，表示某个行动所涉及的对象。

Added after a noun, it shows to whom or for whom the action of a verb is done.

- 친구에게 전화를 걸었습니다.
- 남자친구한테 선물을 받았습니다.
- 영민 씨는 어머니께 편지를 씁니다.

※ 다음 〈보기〉와 같이 쓰세요.

〈보기〉 지금 뭐 합니까? (동생, 문자 메시지, 보내다)

⇨ 동생에게 문자 메시지를 보냅니다.

(1) 어제 무엇을 했어요? (부모님, 선물, 보내다)

⇨ ______________________________

(2) 누구에게 사전을 빌려주었어요? (브라운, 사전, 빌려주다)

⇨ ______________________________

(3) 저 분은 지금 무엇을 해요? (금붕어, 먹이, 주다)

⇨ ______________________________

(4) 누구에게 이 꽃을 받았어요? (남자친구, 꽃, 받다)

⇨ ______________________________

문법

▶ –{어/아/여}야 하(다)

동사, 형용사 뒤에 붙어 조건이나 당위를 나타내는 말.

接在动词词干，形容词词干和之后，表示条件或应该做。

Added after a verb, adjective, it shows the condition or necessity for something.

• 손잡이를 잡아야 합니다. • 채소를 먹어야 합니다. • 운동을 해야 합니다.

※ 다음 〈보기〉와 같이 쓰세요.

〈보기〉

너무 뚱뚱해요. (운동을 하다)

⇨ 운동을 해야 해요.

(1)

동아리 모임에 늦었어요. (뛰어가다)

⇨ ______________________________

(2)

어디로 가야 합니까? (오른쪽으로 가다)

⇨ ______________________________

(3)

감기에 걸렸어요. (병원에 가다)

⇨ ______________________________

(4)

집이 너무 지저분해요. (청소를 하다)

⇨ ______________________________

(5)

저녁에 손님이 옵니다. (음식을 만들다)

⇨ ______________________________

문 법

▶ 무슨

명사 앞에서 무엇인지 모르는 일이나 대상, 물건을 물을 때 쓰는 말.

用在名词前，用来询问不知道的事情、对象或东西。

In front of a noun, it is used to ask about some event or thing that is unknown to you.

- 무슨 음식을 좋아합니까?
- 무슨 소리가 들려요?

※ 다음 〈보기〉와 같이 쓰세요.

〈보기〉 무슨 영화를 좋아합니까?
⇨ 공포 영화를 좋아합니다.

(1) ______________________________?
⇨ 저는 파란 색을 좋아합니다.

(2) ______________________________?
⇨ 소설책을 읽어요.

(3) ______________________________?
⇨ 치마를 입을 거예요.

(4) ______________________________?
⇨ 오늘은 금요일이에요.

문 법

▶ 못

주로 동사 앞에 쓰여 동사가 나타내는 동작을 할 수 없다거나 상태가 이루어지지 않았다는 부정의 뜻을 나타내는 말.

一般用在动词前，具有否定之意，表示不能完成该动词所指的动作或者没能达到某种状态。

Mainly used in front of a verb, it expresses the inability of someone or something to do a certain thing, or denotes that something has not been achieved.

- 배가 아파서 점심을 못 먹었습니다.
- 그는 아직도 한글을 못 읽어요.
- 오늘 청소를 못 했어요.

※ 다음 〈보기〉와 같이 쓰세요.

〈보기〉 점심 먹었어요? (일이 늦게 끝나다)
⇨ 일이 늦게 끝나서 못 먹었어요.

(1) 숙제 다 했어요? (숙제가 너무 많다)

⇨ ______________________________

(2) 선생님께 전화를 했어요? (너무 바쁘다)

⇨ ______________________________

(3) 어제 도서관에 갔어요? (다른 약속이 있었다)

⇨ ______________________________

(4) 저 영화 봤어요? (   )

⇨ ______________________________

듣기 · 말하기

MP3 File 150

※ 다음 내용을 듣고 물음에 대답하세요.

(1) 누가 누구에게 전화를 했습니까?

(2) 왜 전화를 했습니까?

(3) 이시다 씨는 전화를 끊은 후 무엇을 할 것입니까?

(4) 여러분 친구들의 전화번호는 몇 번입니까? 묻고 대답해 보세요.

TIP

• 등산 登山 / climbing • 일정 日程 / schedule • 알리다 告诉 / inform

읽기 · 쓰기

1. 다음 글을 읽고 물음에 알맞은 대답을 쓰세요.

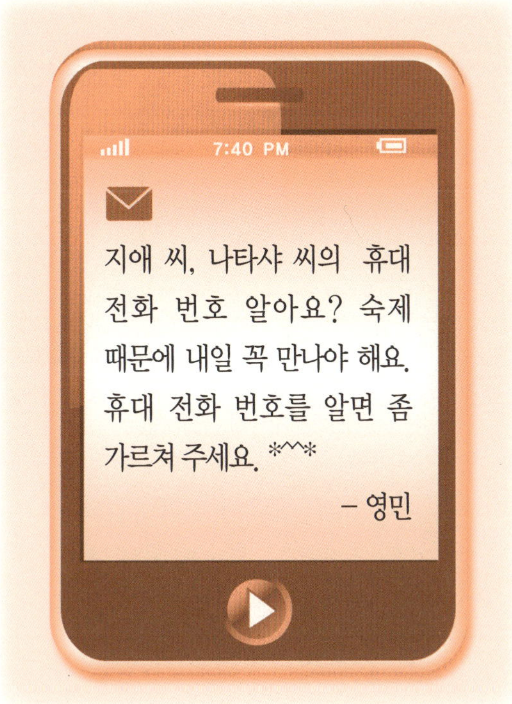

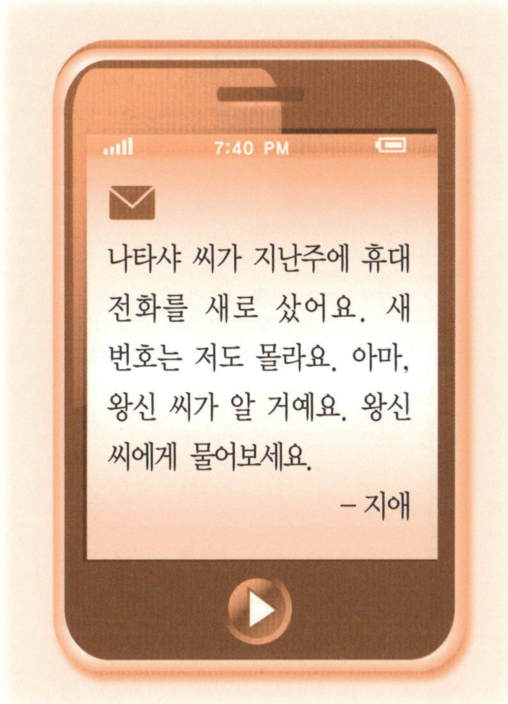

(1) 영민 씨는 왜 지애 씨에게 문자 메시지를 보냈어요?

⇨ ____

(2) 지애 씨는 나타샤 씨의 휴대 전화 번호를 왜 몰라요?

⇨ ____

(3) 누가 나타샤 씨의 휴대 전화 번호를 알아요?

⇨ ____

TIP

• 새로 新 / new • 모르다 不知道 / do not know, do not understand • 물어보다 询问 / ask

읽기 · 쓰기

2. 다음 〈보기〉 내용을 바탕으로 친구에게 문자 메시지를 쓰세요.

〈보기〉
- 친구를 만나려고 합니다.
- 약속 시간이 6시입니다.
- 길이 막혀서 늦을 것 같습니다.

제19과 저는 겁이 많기 때문에 공포 영화를 못 봐요

MP3 File 151, 152

리칭 영화를 자주 봐요?

지애 시간이 없어서 그동안 영화를 못 봤어요.

리칭 그럼, 오늘 저녁에 영화 보러 갈까요?

지애 좋아요. 코미디 영화가 어때요? 리칭 씨는 코미디 영화를 좋아해요?

리칭 저도 코미디 영화를 좋아해요.

지애 그럼, 영화 '전우치'를 봅시다. 요즘 대학생들에게 아주 인기가 많아요.

TIP

• 자주 经常 / often • 코미디 喜剧 / comedy • 요즘 近来, 最近 / these days
• 대학생 大学生 / university student • 인기가 많다 受欢迎 / immensely popular, very popular

MP3 File 153, 154

리칭　오늘은 왜 오천 원이에요?
　　　전에 영화를 봤을 때는 팔천 원이었어요.

지애　오늘은 조조할인을 받았기 때문에 삼천 원 적게 내는 거예요.

리칭　조조할인이 뭐예요?

지애　아침 일찍 첫 번째 상영하는 영화를 할인해 주는 거예요.

리칭　우리 자리가 어디지요?

지애　H열 삼 번과 사 번이에요

TIP

• 열 列 / row, line　• 조조할인 淸晨打折 / reduced admission fee for early morning　• 적다 少 / few, little
• 상영하다 上映, 放映 / screening, showing

MP3 File 155, 156

리칭 지애 씨 덕분에 재미있는 영화를 봤어요. 고마워요.

지애 예, 정말 웃기고 재미있었어요.
특히 까만 옷을 입은 주연 배우가 참 멋있었어요.

리칭 저도 그 배우가 좋아요. 얼굴도 잘생겼고, 연기도 잘하니까요.

지애 이 배우가 다음 주에 개봉하는 영화에도 나와요. 또 볼까요?

리칭 예, 또 봅시다.

TIP

• 주연 主角, 主演 / star, leading actor[actress] • 배우 演员 / actor[actress] • 연기 演技 / acting
• 개봉하다 开映 / premiere • 잘생기다 长得帅 / handsome

어 휘

● 영화

코미디 영화

멜로 영화

공포 영화

전쟁 영화

공상 과학 영화

만화 영화

액션 영화

가족 영화

기록 영화

※ **알맞은 낱말을 쓰십시오.**

• 주연 배우	• 조연 배우	• 영화감독	• (영화)촬영
• (영화)상영	• (영화)대본	• 시사회	• 흥행

(1) 이 영화는 개봉하기 전에 (　　)를 열었어요.

(2) 이 영화를 만든 (　　　)은/는 이번에 국제영화제에서 우수상을 받았어요.

(3) 김한국 씨는 이 영화의 (　　　)이에요. 주연 배우는 아니지만 연기를 아주 잘해요.

(4) 이 영화의 (　　　) 시간은 2시간 10분이에요.

(5) 이 영화는 국내에서 (　　　)에 성공하여 다음 달에 해외에서도 개봉할 예정입니다.

문 법

▶ -기 때문에

동사, 형용사, '이(다)' 뒤에 붙어 어떤 일의 원인이나 까닭을 나타내는 말. 명령이나 제안을 나타내는 문장에서는 쓸 수 없다.

接在动词词干，形容词词干和“이(다)”之后，表示事情发生的原因或缘由。不能用于表示命令或建议的句子。

Added after a verb, adjective, or '이(다)', it means the reason or cause for some event(s). It cannot be used as a command or suggestion.

- 어제는 많이 아팠기 때문에 학교에 못 왔어요.
- 비가 오기 때문에 소풍을 갈 수 없어요.
- 저는 외국인이기 때문에 비자가 필요해요.

※ 다음 〈보기〉와 같이 쓰세요.

〈보기〉 왜 노래를 안 불러요? (목감기에 걸리다)
⇨ 목감기에 걸렸기 때문에 노래를 부를 수 없어요.

(1) 오늘 영화 보러 왜 안 가요? (내일 시험을 보다)

⇨ ______________________ 영화를 보러 못 가요.

(2) 왜 빵을 조금 먹어요? (아까 점심을 많이 먹다)

⇨ ______________________ 빵을 많이 못 먹겠어요.

(3) 왜 택시를 타세요? (약속 시간에 늦다)

⇨ ______________________ 빨리 가려고 택시를 탔어요.

(4) 왜 꽃을 샀어요? (오늘이 여자 친구의 생일이다)

⇨ ______________________ 꽃을 샀어요.

문 법

▶ 덕분에

'베풀어 준 은혜나 도움으로'의 의미를 나타내는 말.

表示凭借（对方或他人）所给予的恩惠或帮助。

Thanks to someone's favor.

- 선생님 덕분에 시험에 합격했어요.
- 친구들 덕분에 한국생활이 외롭지 않아요.

1. 아래의 내용을 관련 있게 이으세요.

(1) 여행 안내원 • - - - - - - - -	• 여행이 편했어요.
(2) 환경 미화원 •	• 글을 쉽게 쓸 수 있어요.
(3) 세종대왕 •	• 거리가 깨끗해졌어요.
(4) 119 소방대원 •	• 물에 빠진 아이가 구조됐어요.

2. 위의 내용을 다음 〈보기〉와 같이 한 문장으로 바꾸어 쓰세요.

〈보기〉 • 여행 안내원 덕분에 여행이 편했어요.

(1) ______________________________

(2) ______________________________

(3) ______________________________

문법

▶ ㅎ 불규칙

'ㅎ'으로 끝나는 형용사의 뒤에 '(으)ㄴ'이 오면 받침 'ㅎ'이 탈락되는 현상. 'ㅎ'으로 끝나는 형용사의 뒤에 '-아/어', '았/었'이 오면 받침 'ㅎ'은 탈락하고 '애', '앴/얬'으로 바뀐다.

指以"ㅎ"结尾的形容词词干后接"(으)ㄴ"时，韵尾"ㅎ"发生脱落的现象。以"ㅎ"结尾的形容词词干后接"-아/어"，"았/었"时，韵尾"ㅎ"脱落，变成"애"，"앴/얬"。

When an adjective ending with 'ㅎ' is followed by '(으)ㄴ', the last consonant, 'ㅎ' is omitted. When it is followed by '-아/어', or '았/었', the last consonant 'ㅎ' is omitted and changes to '애', '앴/얬'.

	(으)ㄴ	아요 / 어요	았어요 / 었어요
까맣다	까만	까매요	까맸어요
파랗다	파란	파래요	파랬어요
빨갛다	빨간	빨개요	빨갰어요
노랗다	노란	노래요	노랬어요
하얗다	하얀	하얘요	하얬어요
어떻다	어떤	어때요	어땠어요
이렇다	이런	이래요	이랬어요
저렇다	저런	저래요	저랬어요
그렇다	그런	그래요	그랬어요

- 어떤 영화를 좋아하세요?
- 서두르세요. 안 그러면 늦을 거예요.
- 눈이 와서 세상이 하야니까 마음도 깨끗해진다.
- 이 사과가 가장 크고 빨갰어요.
- 가을 하늘은 파래요.

문법

※ 다음 〈보기〉에서 낱말을 골라 적절하게 바꾸어 쓰세요.

〈보기〉 • 까맣다 • 파랗다 • 빨갛다 • 노랗다 • 하얗다
• 이렇다 • 저렇다 • 그렇다 • 어떻다

(1) 하늘에 (예 하얀) 구름이 있습니다.

(2) 마당에 (　　　　) 꽃이 피었어요.

(3) (　　　　) 병아리가 다섯 마리 있습니다.

(4) 어제 본 옷의 색깔은 (　　　　)았어요/었어요/였어요.

(5) 12시에 식사하는 것이 (　　　　)?

문 법

▶ -{어/아/여}하다

심리를 나타내는 형용사 뒤에 붙어 동사가 됨.

接在表现心理的形容词词干之后，变成动词。

These are added after adjectives which represent psychological meaning.

- 그는 강아지를 좋아합니다.
- 그는 뱀을 무서워합니다.
- 그는 그 소식을 듣고 하루 종일 우울해합니다.

※ 다음 <보기>에서 낱말을 골라 ( ) 속에 알맞게 쓰세요.

<보기> • 기쁘다 • 그립다 • 좋다 • 서운하다

(1) 그는 고향을 ( ).

(2) 선수들은 승리를 ( ).

(3) 아이들은 아이스크림을 ( ).

(4) 그들은 헤어지는 것을 ( ).

듣기 · 말하기

MP3 File 157

※ 다음 내용을 듣고 물음에 대답하세요.

(1) 이시다 씨는 영화 '심청전'을 봤어요?

(2) 영화 '심청전'은 어땠어요?

(3) 영화 '심청전'은 어떤 내용이에요?

(4) 지애 씨는 왜 울었습니까?

(5) 여러분은 어떤 영화를 좋아합니까? 왜 좋아합니까?

TIP

• 효도 孝道 / filial duty, devotion • 효녀 孝女 / a devoted daughter
• 감동적이다 动人 / impressive, touching • 장면 场面 / scene • 마지막 最后、最终 the last/

읽기 · 쓰기

※ 다음 리칭 씨의 일기입니다.

2010년 8월 12일 목요일

오늘 영화 '아저씨'를 보러 극장에 갔다. 영민 씨하고 지애 씨도 같이 갔다.
우리는 5시 30분에 만났다. 영화는 저녁 7시부터 시작하기 때문에 영화표를 예매하고 저녁을 먹었다.
6시 50분에 극장에 들어가서 자리에 앉았다.
영화 '아저씨'는 액션 영화이다. 주연 배우가 원빈이다. 내가 가장 좋아하는 한국 배우이다. 지애 씨도 원빈을 좋아한다.
조금 잔인한 장면도 있었지만 재미있었다. 120분 동안 상영했지만 지루하지 않았다.

(1) 일기의 내용에 맞으면 ○, 틀리면 × 하세요.

- 영화 제목은 '아저씨'이다. (   )
- 영화는 5시 30분에 시작한다. (   )
- 저녁을 먹고 영화표를 예매했다. (   )
- 내가 가장 좋아하는 한국 배우는 원빈이다. (   )
- 지애 씨는 원빈을 좋아하지 않는다. (   )
- 이 영화는 액션 영화이다. (   )
- 상영 시간이 120분이어서 지루했다. (   )

TIP

- 예매하다 预订 / reservation
- 잔인하다 残忍 / cruel
- 지루하다 讨厌、厌烦 / boring

(2) 여러분이 본 영화를 써 보세요.

• 영화제목 : ______________________

• 배　　우 : ______________________

• 기억에 남는 장면 : ______________________

제20과 왕신 씨도 산을 좋아하는군요

MP3 File 158, 159

영민　아유미 씨, 이번 연휴에 무엇을 하세요?

아유미　이번 연휴에는 리칭 씨하고 지리산에 가기로 했어요.

영민　저는 가족들하고 경주에 가기로 했어요.
아직 경주에 가 보지 못했어요. 그래서 이번에는 꼭 가려고 해요.

아유미　경주는 무엇이 유명해요?

영민　경주에는 신라 유적이 많이 있어요.
불국사, 첨성대, 석굴암, 왕릉 등이 유명해요.

아유미　경주에 가면 신라 문화를 많이 배우겠군요. 저도 다음에 꼭 가고 싶어요.

TIP

- 지리산 智异山 / Jirisan
- 불국사 佛国寺 / Bulguksa
- 첨성대 瞻星台 / Cheomseongdae
- 석굴암 石窟庵 / Seokguram
- 왕릉 王陵 / a royal tomb, a royal mausoleum
- 유적 遗址 / remains, ruin
- 유명하다 有名, 闻名 / famous

MP3 File 160, 161

아유미 리칭 씨, 내일 몇 시쯤 출발할까요?

리칭 버스가 8시 20분에 출발하니까 8시까지 주차장에 오세요.

아유미 그럼 8시에 버스 정류장에서 만나요.
그런데 등산할 때 무엇이 필요하지요?

리칭 등산화와 장갑이 필요해요.
사진기도 가지고 오세요.
경치가 아름다워서 사진 찍을 곳이 많아요.

TIP

• 주차장 停车场 / parking lot • 등산화 登山鞋 / iking boots
• 사진기 相机 / camera • 경치 风景 / scene, view • 장갑 手套 / gloves

MP3 File 162, 163

아유미 천왕봉에 오르니까 어때요?

공기도 상쾌하고 경치도 아름답지요?

리칭 예, 천왕봉에서 보는 경치는 정말 아름답군요.

아유미 여기서 사진을 찍을까요?

우리 두 사람을 함께 찍어 줄 사람이 있으면 좋겠어요.

리칭 아, 저기 한 분이 올라오시는군요.

저분에게 부탁해서 사진을 찍읍시다.

TIP

• 천왕봉 天王峰 / Cheonwangbong • 상쾌하다 爽快、舒畅 / fresh, refreshing • (사진을) 찍다 照相 / shoot

어 휘

● 달력과 관련된 어휘

- 휴일 假日 / holiday
- 공휴일 公休日 / public holiday
- 연휴 连休 / straight holidays
- 국경일 国庆节 / straight holidays
- 휴가 休假 / leave, vacation

10 월

일	월	화	수	목	금	토
			1	2	3 개천절	4
5	6	7	8	9 한글날	10	11
12	13	14 추석	15	16	17	18
19	20 개교 기념일	21	22	23	24	25
26	27	28	29	30		

TIP

- 개천절 开天节 / the National foundation Day of Korea (October 3rd)
- 한글날 韩文纪念日 / Hangul Proclamation Day • 추석 中秋节 / Chuseok, Korean Thanksgiving Day
- 개교기념일 校庆 / school anniversary

어 휘

여행과 관계되는 어휘

여행 종류 旅行种类 / kind of travel

- 주말여행 周末旅行 / weekend trip
- 해외여행 海外旅行 / overseas trip
- 배낭여행 背包旅行 / backpacking
- 수학여행 实习旅游 / school trip
- 신혼여행 新婚旅行 / honeymoon

여 행

여행지 旅游地点 / one's destination

- 명승지 名胜地 / scenic spot
- 해수욕장 海水浴场 / beach
- 온천 温泉 / hot spring
- 유적지 遗址 / historical site

※ 앞에서 공부한 어휘를 알맞게 쓰세요.

(1) 여름 (　　　　　) 때 우리 가족은 경주에 다녀왔습니다.
경주는 한국의 유명한 (　　　　　)입니다.

(2) 추석 (　　　　　)에 사람들은 대부분 고향에 갑니다.

(3) 개천절은 (　　　　　)입니다.
올해는 개천절이 금요일이어서 3일 동안 쉽니다.
그래서 중국으로 (　　　　　)을/를 가려고 합니다.

(4) (　　　　　)을/를 떠나려고 합니다.
(　　　　　)은/는 여행 경비도 적게 들고, 좋은 추억도 많이 만들 수 있어요.

문법

▶ –군요, –는군요

동사, 형용사, '이(다)' 뒤에 붙어 새롭게 알게 된 사실에 주목함을 나타내는 말. 흔히 감탄의 뜻이 수반된다. '–군요'는 형용사와 '이(다)' 뒤, '–는군요'는 동사 뒤에 사용한다. '았/었'이나 '겠' 뒤에는 '–군요'가 온다.

接在动词词干，形容词词干和 "이(다)" 之后，表示对最新了解的事实的关注，常伴随着感叹语气。"–군요" 用于形容词词干和 "이(다)" 后，而 "–는군요" 用于动词词干后，"았/었" 和 "겠" 后面接 "–군요"。

Added after a verb, adjective, or '이(다)', it emphasizes a newly discovered fact. Usually it is exclamatory. '–군요' comes after adjectives, and '이(다)'. '–는군요' comes after verbs. '았/었', or '겠' are followed by '–군요'.

- 그림이 예쁘군요.
- 내일이 화요일이군요.
- 아기가 잘 자는군요.
- 그녀가 벌써 갔군요.
- 그가 곧 도착하겠군요.

※ 다음 〈보기〉와 같이 쓰세요.

〈보기〉

⇨ 비가 많이 오는군요.

(1)

⇨ ______________________

(2)

⇨ ______________________

(3)

⇨ ______________________

(4)

⇨ ______________________

문 법

▶ -지 못하(다)

주로 동사 뒤에 붙어, 동사가 나타내는 동작을 할 수 없다거나 상태가 이루어지지 않았다는 부정의 뜻을 나타내는 말.

一般接在动词词干之后，具有否定之意，表示不能完成该动词所指的动作或者没能达到某种状态。

Usually added after a verb, it shows that the action associated with the verb is impossible, or that something has not been achieved.

- 머리가 아파서 학교에 가지 못했다.
- 시간이 부족해서 문제를 다 풀지 못했다.

※ 다음 〈보기〉와 같이 쓰세요.

〈보기〉 시간이 없다 / 영화를 보다
⇨ 시간이 없어서 영화를 보지 못해요.

(1) 비가 오다 / 등산하다

⇨ ______________________________

(2) 다리를 다치다 / 걷다

⇨ ______________________________

(3) 힘이 없다 / 물건을 들다

⇨ ______________________________

(4) 돈이 부족하다 / 옷을 사다

⇨ ______________________________

(5) ____________________ / ____________________

⇨ ______________________________

문 법

▶ –기로 하(다)

동사 뒤에 붙어 약속이나 결정함을 나타내는 말.

接在动词词干之后，表示约定或决定。

Added after a verb, it means a promise, or a decision to do something.

- 다음 주에 또 만나기로 해요.
- 기차를 타기로 했어요.

※ 아래 대화문을 읽고 문장을 만드세요.

아유미 : 리칭 씨, 내일 수영장에 갑시다.

리칭 : 미안해요. 내일 이시다 씨와 영화 보기로 했어요.
주말에 수영장에 갑시다.

아유미 : 알았어요. 그럼 주말에 수영장에 갑시다.

리칭 : 그럼 그때 만납시다. 그때는 제가 수영장 이용료를 낼게요.
아유미 씨는 점심을 준비해 주세요.

아유미의 일기	8월 12일	

내일 리칭 씨와 수영장에 가고 싶었다.

그러나 리칭 씨가 이시다 씨와 ____________________ 아서/어서/여서

내일은 수영장에 못 간다. 그래서 나는 리칭 씨와 주말에 ____________________.

리칭 씨는 수영장 이용료를 ____________________ 았다/었다/였다. 나는 점심을

____________________ 았다/었다/였다.

문 법

▶ 쯤

'정도'의 뜻을 나타내는 말.

表示"程度"。
This means "about", "nearly", "around", or "approximately".

• 교실에 30명쯤 있어요.
• 오전 9시쯤 만납시다.

※ 다음 〈보기〉와 같이 쓰세요.

〈보기〉 진주에서 서울까지 몇 시간 걸려요? (4시간)
⇨ 4시간쯤 걸려요.

(1) 우유가 컵에 얼마나 남았어요? (반)

⇨ ______________________

(2) 벚꽃이 언제 피어요? (4월)

⇨ ______________________

(3) 집에서 백화점까지 거리가 얼마나 돼요? (10Km)

⇨ ______________________

(4) 편지가 언제 도착해요? (내일)

⇨ ______________________

듣기 · 말하기

MP3 File 164

※ 다음 내용을 듣고 물음에 대답하세요.

(1) 브라운 씨는 연휴에 어디를 갔습니까?

(2) 브라운 씨가 가지 못한 곳은 어디입니까? 왜 가지 못했습니까?

(3) 영민 씨와 이시다 씨는 연휴에 무엇을 하기로 했습니까?

(4) 영민 씨는 연휴에 왜 집에 있었습니까?

읽기 · 쓰기

1. 다음 엽서를 읽고 내용과 같으면 ○, 다르면 × 하세요.

영민 씨!

잘 지내고 있지요? *^^*

여기는 설악산입니다. 노랗고 빨간 단풍으로 경치가 너무나 아름답습니다. 계곡물 흐르는 소리를 들으니까 몸과 마음이 깨끗해집니다. 이제 대청봉까지 4Km쯤 남았습니다. 산에 오르는 것은 힘들지만, 친구들과 함께 등산하니까 즐겁습니다.

이번 배낭여행에 영민 씨가 오지 못해 아쉽습니다.

다음에 꼭 같이 여행합시다.

From.
설악산에서 왕신이

To.
친구 영민에게

(1) 왕신과 영민은 설악산으로 배낭여행을 갔다. (　　　)

(2) 설악산은 단풍으로 경치가 아름답다. (　　　)

(3) 왕신은 대청봉까지 갈 것이다. (　　　)

(4) 왕신은 계곡물로 깨끗하게 몸을 씻었다. (　　　)

TIP

• 계곡 山谷 / valley • 흐르다 流 / flow • 즐겁다 愉快、快乐 / pleasant, joyful

읽기 · 쓰기

2. 여러분도 친구에게 엽서를 써 보세요.

From.

To.

제5과

지애 : 영민 씨, 오늘 극장에 갑시다.
영민 : 미안해요, 지애 씨. 저는 오늘 오후에 친구를 만납니다.
지애 : 그럼, 이번 토요일 저녁에 극장에 갑시다.
영민 : 예, 좋습니다. 이번 토요일 저녁 6시에 극장에서 만납시다.

제6과

손님 : 안녕하십니까?
주인 : 어서 오십시오.
손님 : 공책이 있습니까?
주인 : 예, 있습니다.
손님 : 한 권에 얼마입니까?
주인 : 한 권에 천삼백 원입니다.
손님 : 공책 두 권 주십시오.

제7과

이시다 : 아유미 씨, 한국 음식을 좋아합니까?
아유미 : 예, 특히 닭갈비를 좋아합니다. 이시다 씨는 한국 음식 좋아합니까?
이시다 : 예, 저는 닭갈비도 좋아하고 비빔밥도 좋아합니다.
아유미 : 비빔밥은 맛이 어때요?
이시다 : 아주 맛있어요. 오늘 한번 먹어 보십시오.

제8과

이시다 씨하고 아유미 씨는 어제 백화점에 갔습니다. 27번 버스를 타고 갔습니다. 백화점은 10층입니다. 이 백화점에는 서점과 미용실이 있습니다. 2층부터 3층까지는 서점입니다. 미용실은 5층에 있습니다.

이시다 씨는 서점에서 한국어 회화 책하고 한일사전을 샀습니다. 한국어 회화 책은 싸나 한일사전은 비쌉니다. 아유미 씨는 미용실에 갔습니다. 아유미 씨는 염색만 했습니다. 염색을 할 때 시간이 오래 걸렸습니다.

제9과

어젯밤에 2시까지 텔레비전을 본 후에 잠을 잤습니다.
그래서 오늘 9시에 일어났습니다.
아침밥을 먹지 않고 택시를 타고 학교에 갔습니다.
9시 반에 학교에 도착했습니다.
수업시간에 지각을 했습니다.
수업이 끝난 후 공부를 더 많이 했습니다.

제10과

오늘과 내일의 날씨를 말씀드리겠습니다.
오늘은 전국에 바람이 많이 불고 비가 오겠습니다.
중부 지방과 북부 지방은 내일 오전에 비가 그치겠습니다.
그러나 영남 지방은 내일 오후에 비가 그치겠습니다.
내일 오후에는 전국에 안개가 끼는 곳이 많겠습니다.

제11과

아유미 : 나타샤 씨, 어디에서 오셨어요?
나타샤 : 저는 러시아에서 왔습니다.
아유미 : 러시아에서 올 때 무엇을 타고 왔어요?
나타샤 : 비행기를 타고 왔어요.
아유미 : 몇 시간 걸렸어요?
나타샤 : 모스크바에서 인천까지 10시간쯤 걸렸어요.

제12과 1

예전에는 인터넷을 이용하는 사람이 많지 않았습니다. 그러나 요즈음은 도서관에서도, 학교 앞 카페에서도 인터넷을 이용합니다. 많은 사람들이 인터넷에서 유익한 정보를 얻고 전자우편을 사용합니다. 그런데 인터넷은 편리하고 좋은 점도 있지만 나쁜 점도 있습니다.

제12과 2

남자 : 내일 비가 올까요?
남자 : 인터넷에서 날씨정보를 찾아볼게요.
(검색 효과음)
왕신 : 내일 날씨가 어때요?
지애 : 내일 오전에 비가 오다가 오후에 갭니다.
왕신 : 그럼, 내일 오후에 축구를 합시다.
왕신 : 좋아요. 제가 친구들에게 연락할게요.

제13과

학교에는 유학생들에게 도움을 주는 많은 기관들이 있습니다. 학과 사무실은 수강 신청과 입학, 졸업 등과 관련해 도움을 줍니다. 대외협력처는 유학생을 모집하고 입학한 유학생들의 학교생활을 돕습니다. 그리고 국어문화원은 유학생들에게 한국어를 가르칩니다.

제14과

아유미와 리칭은 토요일 오후에 시내에 가려고 합니다.

이번 토요일에 박물관에 특별 전시회가 있습니다. 아유미는 지애와 박물관에 가고 싶었습니다. 그래서 리칭과 시내에 가는 약속을 취소했습니다. 아유미는 지애와 박물관 옆에서 지애와 만나 박물관 구경을 했습니다.

제15과 1

다음은 브라운의 학교 생활입니다.

저는 월요일에서 금요일까지 수업이 있어서 아침 7시에 일어납니다. 그러나 늦게 일어나서 아침을 먹지 않습니다. 학교는 버스로 약 20분이 걸립니다. 수업은 9시에 시작합니다. 과목은 읽기, 쓰기, 듣기, 말하기 수업이 있습니다. 저는 다른 나라 친구들과 한국어로 이야기할 수 있어서 말하기 수업을 가장 좋아합니다. 수업이 끝나면 학생식당에서 점심을 먹었습니다. 요즈음은 학교 앞 분식집에서 라면과 떡볶이를 자주 먹습니다. 점심을 먹고 나면 도서관에 갑니다. 도서관에서는 인터넷을 이용할 수 있고 또 영화도 볼 수 있습니다.

제15과 ②

리칭과 왕신은 내일 시험을 칩니다. 리칭은 듣기와 말하기는 자신이 있는데 읽기와 쓰기는 어렵습니다. 특히 쓰기 시험은 언제나 성적이 좋지 않습니다. 왕신은 말하기가 제일 어렵고 성적도 제일 나쁜데 오늘은 말하기 시험을 잘 쳐서 기분이 좋습니다. 시험이 끝나면 두 사람은 친구들과 경주로 여행을 가기로 계획을 짰습니다. 경주 여행이 더 재미있으려면 읽기와 쓰기 시험을 잘 쳐야 할 것 같아요.

제16과

리칭과 선생님이 전화를 합니다.

리칭 : 선생님, 저 리칭이에요.
교사 : 응, 리칭, 무슨 일이지요?
리칭 : 선생님, 오늘 수업에 갈 수 없어요.
교사 : 리칭, 무슨 일이 있어요?
리칭 : 어머니께서 한국에 오셨어요.
교사 : 예, 알았어요. 그럼 내일은 올 수 있어요?
리칭 : 아니요. 모레까지 어머니와 같이 있을 거예요. 어머니랑 제주도에 가려고 해요.
교사 : 그래. 그럼 금요일에 봅시다.
리칭 : 예, 선생님.

제17과

지애 : 왕신 씨, 내일 리칭 씨도 약속 장소에 나와요?
왕신 : 리칭 씨는 못 나와요. 리칭 씨는 지금 감기에 걸렸어요.
지애 : 리칭 씨가 왜 감기에 걸렸어요?
왕신 : 어제 공원에서 산책을 하다가 비를 맞았어요.
지애 : 리칭 씨는 병원에 가 봤어요?
왕신 : 예, 병원에 다녀온 후 약을 먹고 지금 자고 있어요.

제18과

이시다 : 여보세요?
아유미 : 이시다 씨지요? 저는 아유미입니다.
이시다 : 아유미 씨, 무슨 일이에요?
아유미 : 이번 주 등산 일정이 다음 주 토요일로 바뀌었어요. 리칭 씨에게도 알려야 해요.
이시다 : 그럼, 제가 리칭 씨에게 문자메시지를 보낼게요.

제19과

지애 : 저는 어제 영화 '심청전'을 봤어요. 이시다 씨는 영화 '심청전'을 봤어요?
이시다 : 아니요, 못 봤어요. 영화가 어땠어요?
지애 : 아주 재미있었어요. '심청전'은 웃음과 감동이 있는 영화예요.
이시다 : '심청전'은 어떤 내용이에요?
지애 : 앞을 못 보는 아버지께 효도하는 효녀 이야기예요.
이시다 : 감동적인 장면은 많았어요?
지애 : 마지막 장면이 감동적이었어요. 봉사인 아버지가 효녀 덕분에 눈을 떴어요.
두 사람이 서로 안고 울어서 저도 같이 울었어요.

제20과

영민 : 이번 연휴에 무엇을 했어요?
브라운 : 저는 친구와 제주도에 다녀왔어요.
영민 : 제주도 어디를 다녀왔어요?
브라운 : 만장굴하고 성읍 민속마을을 다녀왔어요.
영민 : 한라산에는 가지 않았어요?
브라운 : 예, 비가 와서 한라산에는 가지 못했어요.
그래서 다음 연휴에 다시 한라산에 가기로 했어요. 영민 씨는 연휴에 무엇을 했어요?
영민 : 저는 감기에 걸려서 집에 있었어요.
이시다 씨와 일본 온천 여행을 가기로 했지만 너무 아파서 가지 못했어요.

어휘 찾아보기

어휘 찾아보기

ㅇ

어휘 찾아보기

어휘 찾아보기

문법 찾아보기

문법 찾아보기

집필진

집필총괄 황병순
집필위원 조규태, 임규홍, 박용식, 양지현, 이유미, 백수진, 유화정
번역(중국어) 金善姬(中国齐齐哈尔大学), 任晓礼(中国鲁东大学)

이 도서에 필요한 파일은 경상대학교 국어문화원 누리집(http://ckc.gnu.ac.kr) 관련 자료실 아래 한국어 교육자료실에서 내려받을 수 있습니다.

한국어 1

2011년 8월 31일 초판 제1쇄 발행
2016년 3월 30일 초판 제2쇄 발행
2017년 9월 1일 초판 제3쇄 발행

지은곳 경상대학교 국어문화원
펴낸이 이상경
펴낸곳 경상대학교출판부

주 소 경남 진주시 진주대로 501
전 화 055) 772-0801~3
팩 스 055) 772-0809
전자우편 gspress@gnu.ac.kr
홈페이지 http://gspress.ac.kr
페이스북 https://www.facebook.com/gnupub
등 록 1989년 1월 7일 제 16호

ISBN 978-89-6257-045-8 14710
978-89-6257-044-1(세트)
값 21,000원